AF629808

Anneli Billina

Deutsch üben
Hören & Sprechen C2

Buch mit Audios online

Hueber Verlag

Quellenverzeichnis
Cover, Rücktitel © Getty Images/E+/pixelfit
Zeichnungen: Irmtraud Guhe, München
Bildredaktion: Cornelia Hellenschmidt, Hueber Verlag, München

Inhalt der MP3-Dateien zum Buch:
© 2021 Hueber Verlag GmbH & Co. KG, München, Deutschland –
Alle Urheber- und Leistungsschutzrechte vorbehalten
Sprecher: Stefanie Dischinger, Julian Manuel, Lenny Peteanu, Ella Rendtorff, Verena Rendtorff, Alexander Wohnhaas
Produktion: Atrium Studio Medienproduktion GmbH, München, Deutschland

Der kostenlose MP3-Download zum Buch ist unter **www.hueber.de/audioservice** erhältlich.

Der Verlag weist ausdrücklich darauf hin, dass im Text enthaltene externe Links vom Verlag nur bis zum Zeitpunkt der Buchveröffentlichung eingesehen werden konnten. Auf spätere Veränderungen hat der Verlag keinerlei Einfluss. Eine Haftung des Verlags ist daher ausgeschlossen.

Das Werk und seine Teile sind urheberrechtlich geschützt. Jede Verwertung in anderen als den gesetzlich zugelassenen Fällen bedarf deshalb der vorherigen schriftlichen Einwilligung des Verlags.

Eingetragene Warenzeichen oder Marken sind Eigentum des jeweiligen Zeichen- bzw. Markeninhabers, auch dann, wenn diese nicht gekennzeichnet sind. Es ist jedoch zu beachten, dass weder das Vorhandensein noch das Fehlen derartiger Kennzeichnungen die Rechtslage hinsichtlich dieser gewerblichen Schutzrechte berührt.

3. 2. 1. | Die letzten Ziffern
2025 24 23 22 21 | bezeichnen Zahl und Jahr des Druckes.
Alle Drucke dieser Auflage können, da unverändert, nebeneinander benutzt werden.
1. Auflage
© 2021 Hueber Verlag GmbH & Co. KG, München, Deutschland
Umschlaggestaltung: Sieveking · Agentur für Kommunikation, München
Layout und Satz: Sieveking · Agentur für Kommunikation, München
Verlagsredaktion: Elisa Klüber, Sonja Ott-Dörfer, Andreas Tomaszewski, Hueber Verlag, München
Druck und Bindung: Friedrich Pustet GmbH & Co. KG, Regensburg
Printed in Germany
ISBN 978–3–19–847493–8

Art. 530_27501_001_01

Inhalt

	Track	Seite
Vorwort		5
A Gesellschaft		6
Übung		
A1 Start ins Leben	▶ 1–2	6
A2 Am Ende der Reise?	▶ 3–4	16
B Medizin und Gesundheit		27
Übung		
B1 Heilmittel ohne Nebenwirkungen	▶ 5–7	27
B2 In Quarantäne	▶ 8–9	36
B3 Glaubenskriege um Heilung	▶ 10–11	47
C Ernährung		54
Übung		
C1 Kochen – das Salz in der Suppe des Lebens	▶ 12–13	54
C2 Fleischersatz – Trend oder Rettung?	▶ 14–17	61
C3 Allzu sensibel	▶ 18–22	70

	Track	Seite
D Kultur und Geschichte		80
Übung		
D1 Weltkulturerbe mit allen Sinnen	▶ 23–28	80
D2 Rituale – der Kompass im Leben	▶ 29–30	88
D3 Maskerade	▶ 31–32	96
E Kunst		103
Übung		
E1 Auf Raubzügen	▶ 33–34	103
E2 Ist das Kunst, oder kann das weg?	▶ 35–36	114

Vorwort

Liebe Lernerinnen und Lerner,

Deutsch üben Hören und Sprechen C2 ist ein Übungsheft mit Audios online, das für weit fortgeschrittene Deutschlerner mit Vorkenntnissen auf dem Niveau C1 zum selbstständigen Üben und Wiederholen konzipiert ist.

Es kann zur Vorbereitung auf das kulturelle Leben in deutschsprachigen Ländern und zur Aufrechterhaltung und Vertiefung vorhandener Sprachkenntnisse eingesetzt werden.
Mit Hören und Sprechen C2 können Sie Kurspausen überbrücken oder sich auf die Prüfungen der Niveaustufe C2 des *Gemeinsamen Europäischen Referenzrahmens* vorbereiten.

Hören und Sprechen C2 trainiert die genannten zwei Fertigkeiten auf dem Niveau C2.
Die abwechslungsreichen Hörverständnis- und Sprechübungen behandeln aktuelle Themen, die für die Teilhabe am gesellschaftlichen Diskurs relevant sind.

Die Texte und Dialoge sind so authentisch wie möglich gehalten, das bedeutet, dass sie manchmal mit einem leichten landes- und regionaltypischen Akzent vorgetragen werden. Alle Hörtexte sind im Buch abgedruckt, sollen aber beim Hören und beim Bearbeiten der Aufgaben nicht mitgelesen werden, da das Hörverstehen geübt werden soll. Das ist auch wichtig für alle, die sich auf eine C2-Prüfung vorbereiten wollen. Man kann danach aber Textpassagen zur Verständnissicherung nachlesen.

Zu allen Übungen finden Sie eindeutige Lösungen jeweils direkt auf den Folgeseiten der Übungen.

Bitte hören Sie längere Texte und Dialoge mehrmals und benutzen Sie für Nachsprech- und Schreibübungen die Pause-Funktion Ihres Abspielgerätes. So können Sie die Länge der Pausen selbst bestimmen.

Unter **www.hueber.de/audioservice** können Sie die MP3-Dateien der Texte, Dialoge und Hörverständnisübungen herunterladen. Die vertonten Texte sind im Buch jeweils mit dem Symbol ▶ 13 gekennzeichnet. Die Zahl neben dem Symbol gibt den jeweiligen Track an.

Viel Freude und Erfolg wünschen

Autorin und Verlag

A Gesellschaft

A1 Start ins Leben

▶ 1 **1 a) Der Moderator der Radiosendung „Auf ein Stünderl" in einem bayerischen Sender hat heute Emma Reiser eingeladen, die seit vielen Jahren als freiberufliche Hebamme tätig ist. Hören Sie das Gespräch und kreuzen Sie an: Was ist richtig, was ist falsch?**

	richtig	falsch
1. Man trifft eine Hebamme immer nur einmal im Leben, wenn man auf die Welt kommt.	☐	☒
2. Der Beruf einer Hebamme klingt wie ein nicht mehr zeitgemäßer Begriff.	☐	☐
3. Den meisten jungen Eltern wird das nötige Wissen von den Müttern und Großmüttern vermittelt.	☐	☐
4. Die meisten Frauen müssen nichts lernen, weil es ein natürlicher Vorgang ist, den jede werdende Mutter intuitiv beherrscht.	☐	☐
5. Nicht nur die Geburt ist wichtig, sondern auch die Vorbereitung darauf und die erste Zeit, die danach kommt.	☐	☐
6. Paare, die ihr erstes Kind bekommen, benötigen in dieser ungewohnten Situation viel Unterstützung.	☐	☐
7. Junge Mütter sind beim Stillen oft zuerst sehr unsicher und geraten leicht in Stress.	☐	☐

	richtig	falsch
8. Wenn heute die Männer alle bei der Geburt dabei sind, führt das zu Personalmangel, weil sie dann auch noch betreut werden müssen.	☐	☐
9. In einer großen Klinik mit vielen problematischen Geburtssituationen kommt es oft zu enormem Stress und Druck, da die Hebammen aus Personalmangel zu viele Geburten gleichzeitig betreuen müssen.	☐	☐
10. Jeder Frau wird eine PDA gegeben, damit man sich nicht um sie kümmern muss.	☐	☐
11. Wenn Kliniken privatisiert werden, sind die Personalkosten zu hoch.	☐	☐
12. Der Schwerpunkt der Arbeit von Ärzten und Ärztinnen liegt bei nicht normgerechten Vorgängen, während Hebammen von der Schwangerschaft als natürlichem Prozess ausgehen.	☐	☐
13. In den Niederlanden haben Hebammen beim Verlauf der Schwangerschaften einen wichtigeren Stellenwert als bei uns.	☐	☐
14. Heutzutage kommt es häufiger zu Problemen bei Geburten, weshalb man sich schneller für eine eingeleitete Geburt oder einen Kaiserschnitt entscheidet.	☐	☐
15. Die Summen, die Hebammen für ihre Versicherung zahlen müssen, steigen ständig, weil Geburtshelfende oft von den Sozialversicherungen verklagt werden, wenn es zu Problemen bei der Geburt kommt.	☐	☐
16. Rechtlich gilt, dass man lieber gar nichts tun sollte als etwas Falsches.	☐	☐
17. Alles, was Hebammen tun oder den Frauen raten, muss dokumentiert werden, um sich abzusichern.	☐	☐
18. Eine Hebamme muss bei einer Beratung immer ihre Meinung äußern.	☐	☐
19. Eine Hebamme darf, auch gegen Willen der Mutter, sowohl in der Schwangerschaft als auch bei und nach der Geburt, alles tun, um das Kind zu schützen.	☐	☐

1 b) Ergänzen Sie die Sätze mit den Wörtern aus dem Kasten in der richtigen Form.

grottenschlecht • löchern • Scheibe • bezichtigen • sprudeln • Grauzone • übergriffig • ergebnisoffen • kraulen • Fehlgeburt • erlösend • Klagefreudigkeit • Stillen • ~~Betreuungsschlüssel~~ • Anstupser • Gutteil • belangen • rentieren • Kaiserschnitt •

1. In manchen Nächten in der Klinik waren viel zu wenig Hebammen im Dienst, um die vielen gebärenden Frauen gut betreuen zu können. Deshalb bezeichnet Emma den *Betreuungsschlüssel* als ____________________.
2. Ihrer Meinung nach kommen die Männer auf manche Dinge nicht von alleine und brauchen deshalb einen ____________________.
3. Gebären und ____________________ sind natürliche Vorgänge, weshalb viele Frauen von sich selbst erwarten, das müssten sie können.
4. Junge Eltern sind oft unsicher. Sie ____________________ geradezu vor Fragen über und ____________________ die Hebamme, die zur Nachsorge kommt.
5. Manchmal entspannt sich eine Frau bei der Geburt, wenn ihr jemand die Haare ____________________.
6. Wenn Kliniken privatisiert werden, sind sie Wirtschaftsunternehmen, für die sich jeder Arbeitseinsatz ____________________ muss.
7. Man kann die Frauen psychisch stärken, wenn wie in den Niederlanden eine ____________________ als natürlicher Prozess behandelt wird.
8. Wenn ein Kind durch eine Operation geholt wird, ist das ein ____________________.
9. Ein hoher Prozentsatz bzw. ein ____________________ der Geburtsmedizin heute ist zu Absicherungsmedizin geworden, damit die Geburtshelfer nicht verklagt und des Nichtstuns ____________________ werden können.
10. Wenn sich die Eltern- oder Großelterngeneration zu sehr bei den jungen Eltern einmischt, wird das von ihnen häufig als ____________________ empfunden.
11. Früher war es Tradition, den Vätern im Krankenhaus den Säugling nur durch eine ____________________ zu zeigen.

12. Die meisten Männer empfinden es als ____________________, bei der Geburt auch gebraucht zu werden und etwas tun zu können.
13. Hebammen müssen stets ____________________ beraten, um nicht ____________________ zu werden und sich vor Gericht verteidigen zu müssen.
14. Da in den USA sehr schnell Dinge juristisch geklärt werden, herrscht dort eine ____________________, die langsam auch zu uns kommt.
15. Doch vieles ist rechtlich nicht festgelegt und spielt sich in einer ____________________ ab.

1 c) Ordnen Sie die passenden Verben zu.

1. erstaunte Blicke
2. etw. nicht einmal seinem ärgsten Feind
3. mit einem Fuß im Gefängnis
4. auf Messers Schneide
5. zu Lasten von jdm./etw.

a) stehen
b) gehen
c) ernten
d) wünschen
e) stehen

1.	2.	3.	4.	5.
c				

▶ 1

1 d) Jetzt sind Sie dran: Hören Sie das Gespräch noch einmal und erzählen Sie dann einem Freund oder einer Freundin davon. Fassen Sie die wichtigsten Punkte kurz zusammen und orientieren Sie sich dabei an den folgenden Stichpunkten.

1. Einer der ältesten Berufe der Welt / fehlende Anbindung an altes Wissen / keine Großfamilienerfahrung mehr / Notwendigkeit des Erlernens
2. Vor- und Nachsorge sehr wichtig / Unterstützung der Paare / häufig Unsicherheit und Selbstzweifel der Mütter / Auswirkung von Stress aufs Stillen
3. Herausforderung für die Männer / keine Vorbilder / benötigter Einsatz hat positive Wirkung
4. Auswirkungen des schlechten Betreuungsschlüssels / Personalkosten größter Kostenfaktor für Kliniken
5. Mediziner und Medizinerinnen fokussieren das Krankhafte, Hebammen gehen vom Gesunden aus / gute Beobachtungsgabe, Wissen und Intuition nötig
6. Absicherungsmedizin wegen zunehmender Klagefreudigkeit führt zu Aktionismus / teure Berufshaftpflichtversicherung für Hebammen
7. ergebnisoffene Beratung / ständige Dokumentation zur Absicherung / Kindeswohlgefährdung / rechtliche Grauzone / Macht der Hebammen

A

▶ 1 **1 a) Text und Lösung**

Moderator: Grüß Gott, liebe Hörerinnen und Hörer! Emma, ich freu' mich riesig, dass wir beide es uns heute Abend hier für ein Stünderl gemütlich machen können. Du arbeitest als Hebamme, und ich denk', den meisten geht's wie mir – eine Hebamme ist zwar einer der allerersten Menschen, wenn nicht der allererste Mensch, der einen auf der Erde begrüßt, aber das war's dann auch schon, denn bis man nicht selber Kinder in die Welt setzt, mangelt's an Gelegenheiten zum Austausch. Das wollen wir heute ändern!

Emma: Das stimmt! Ja, ich freu' mich auch und danke für die nette Einladung!

Moderator: Emma, wenn ich ganz ehrlich bin, denk' ich bei deinem Beruf eher an Bilder aus längst vergangenen Zeiten und nicht an eine moderne, starke Frau wie dich! Woher mag das wohl kommen?

Emma: Weil es tatsächlich einer der ältesten Berufe der Welt ist. Es ist uraltes Wissen, das wir vermitteln und anwenden, und die jungen Eltern heute sprudeln über vor Fragen, sie löchern mich geradezu. Da merkt man, wie in unserer Zeit die Anbindung an dieses alte Wissen fehlt. Das Leben miteinander, wo im richtigen Moment, im richtigen Maß und auf die richtige Art die Information fließen kann, fehlt. Oft kommt es bei der Unterstützung durch Eltern und Großeltern zu Auseinandersetzungen, weil sie als Einmischung empfunden wird. Kaum ein Gebiet ist auch ideologisch so unterwandert wie die Kindererziehung, von Anfang an. Am hilfreichsten wäre einfach, es selbst schon erlebt zu haben: Früher gab es doch viel mehr große Familien, also haben die größeren Kinder, aber auch Tanten und Cousinen durchaus schon die Kleinen mitversorgt, haben Geburten miterlebt und sind mit Säuglingen aufgewachsen.

Moderator: Die meisten jungen Eltern von heute hatten wohl noch nie so was Kleines und Zerbrechliches in der Hand und fühlen auf einmal eine zentnerschwere Verantwortung!

Emma: Genau. Dieses Wissen muss heute erlernt und vermittelt werden, zum Beispiel in Geburtsvorbereitungskursen. Und dann gibt's eine solche Fülle an Informationen aus dem Internet oder aus Büchern, dass es für die jungen Eltern unglaublich schwierig ist herauszufiltern, was für sie wirklich hilfreich ist. Das führt dann oft zu dem gegenteiligen Effekt, zu der Haltung: Ach, Kinderkriegen ist doch das Natürlichste der Welt, das wird schon nicht so schwer sein.

Moderator: Die Anforderung der Frauen an sich selbst: „Das ist natürlich, das muss ich können!"

Emma: Das Gebären wie auch das Stillen. Und dann überfällt einen regelrecht die Verantwortung, wenn man nach drei Tagen mit dem Kind allein daheim ist. „Oh Gott, ich weiß eigentlich gar nichts!"

Moderator: Wahrscheinlich könntest du dann eigentlich Tage dort verbringen?

Emma: Ja, das richtige Maß zu finden, ist oft nicht leicht. Ich muss abschätzen, was die Eltern jetzt überhaupt an Informationen aufnehmen können, was man ihnen ruhig selbst überlassen kann und was sie dringend nötig haben.

Moderator: Das klingt für mich so, als wäre die Vor- und Nachsorge das eigentlich Wichtige bei dem Ganzen.

Emma: Wir dürfen nicht vergessen, dass Kinderkriegen eigentlich ein sozialer Prozess ist. Wir haben, im günstigen Fall, ein Liebespaar, das gewohnt ist, seine Zweisamkeit zu leben, und plötzlich ist es zu dritt. Etwas passiert, das für die Frau neu und verwirrend ist, und für den Mann umso mehr. In der Unterstützung der Paare in dieser ganz besonderen Situation sehe ich sehr meine Aufgabe. Manchmal braucht es auch einen Anstupser für die Männer: „Wisst ihr eigentlich, was eure Frau da gerade leistet? Wie ihr sie unterstützen könnt? Wisst ihr überhaupt, was ihr guttut? Mag sie Haare kraulen, Füße massieren, oder nicht?" Du glaubst gar nicht, was für erstaunte Blicke ich da manchmal ernte.

Moderator: Doch, das kann ich mir vorstellen. Zumal Männer auch dazu neigen, selbst die Experten sein zu wollen.

Emma: Und die Frauen sich leicht verunsichern lassen. Beim Stillen zum Beispiel, einem in der Tat mehr als natürlichen Vorgang, an den viele aber mit dem großen Fragezeichen herangehen: „Ob ich wohl genug Milch habe?" Sie vertrauen ihrem Körper nicht. Aus der Mütter- und Großmüttergeneration schallt dazu das Credo: „Nur alle vier Stunden trinken lassen!", was heutzutage in der Stillforschung eindeutig widerlegt wurde. Doch dann braucht es nur noch ein: „Der wird nicht satt!" vom Mann dazu, und schon sind die Selbstzweifel der Mütter da, und mit den Selbstzweifeln der Stress und damit die ausbleibende Milch.

Moderator: Ich als Mann muss aber auch sagen, dass das alles eine echte Herausforderung sein kann. Zum Beispiel auch, bei der Geburt dabei zu sein.

Emma: Absolut, zumal die Männer lange Zeit keine Vorbilder hatten. Ich bin meinem Vater im Krankenhaus noch durch die Scheibe gezeigt worden, wenn das jetzt auch schon eine Weile her ist. Heute dagegen werden die Väter bei den Geburten de facto mit eingerechnet, auch aus Gründen von Personalmangel übrigens, weil der Betreuungsschlüssel von Gebärenden und Hebammen gar nicht aufgeht.

Moderator: Aber sicher ist es für die Männer auch erlösend, gebraucht zu werden und etwas tun zu können.

Emma: Klar, die meisten wollen etwas tun und sich nicht überflüssig vorkommen.

Moderator: Aber fehlt dir als Vor- und Nachsorgehebamme denn nicht die Arbeit mit dem eigentlich spannendsten Moment, wenn das Kind auf die Welt kommt?

Emma: Natürlich ist der Augenblick des Gebärens der, der alle am meisten beschäftigt und der sowohl unfassbar beglückend ist als auch tatsächlich medizinisch gesehen kritisch sein kann. Ehrlich gesagt: Nein, er fehlt mir nicht. Ich habe früher in einer großen Klinik gearbeitet, wohin viele mit Mehrlings- oder Frühgeburten verlegt wurden, und da gleitet so eine normale Geburt schnell über in eine Notfallsituation. Dazu ein grottenschlechter Betreuungsschlüssel und du hast eine Situation, die du nicht einmal deinem ärgsten Feind wünschst. Du weißt, dass du immer mit einem Fuß im Gefängnis stehst, weil du drei, vier oder fünf Gebärende auf einmal betreust und ganz sicher nicht allen gerecht werden kannst. Manchmal habe ich mich nachts für drei Minuten auf der Toilette eingesperrt, um kurz durchzuatmen. Und viel zu viele Gedanken kreisen darum, was ich tun muss, um mich abzusichern. Wenn man damit näher bei sich und seinem Sicherheitsbedürfnis ist als bei der Gebärenden, dann stimmt doch was nicht, oder?

Moderator: Ja, das hört sich falsch an. Doch vermutlich sind die Personalkosten der größte Kostenfaktor für die Kliniken, weshalb hier so gespart wird.

Emma: Genau. Noch dazu werden immer mehr Kliniken privatisiert und arbeiten als Wirtschaftsunternehmen, das sich rentieren muss.

Moderator: Wie passt das denn grundsätzlich zusammen, die Arbeit der Hebammen und die der Ärztinnen oder Ärzte?

Emma: Die meisten Frauen vertrauen sich gern einer Medizinerin oder einem Mediziner an und nehmen die Gerätemedizin, zumindest im Hintergrund, als zusätzliche Sicherheit wahr.

Moderator: Die ja auch durchaus lebensrettend zum Einsatz kommen kann.

Emma: Natürlich. Doch grundsätzlich muss man sich klarmachen, dass die Sozialisation von Ärztinnen und Ärzten ja genau andersherum geschieht als bei den Hebammen. In der Medizin liegt der Fokus auf dem Krankhaften, das wird angeschaut und vom Gesunden unterschieden. Die Hebammen gehen von der anderen Perspektive aus: Erst einmal ist eine Schwangerschaft ein natürlicher und gesunder Prozess, wie das Gebären auch. Ein regelwidriger oder krankhafter Verlauf muss gesehen und entsprechend darauf reagiert werden, was eine gute Beobachtungsgabe voraussetzt. Aber Ausgangspunkt ist das Gesunde, und meine Aufgabe ist es, natürliche Zustände zu begleiten, anders als Ärztinnen oder Ärzte, die in krisenhaften Zuständen konsultiert werden.

Moderator: Ein wesentlich anderer Blickwinkel!

Emma: In den Niederlanden ist es zum Beispiel so, dass die Erstuntersuchung von einer Hebamme vorgenommen wird, nicht in der Gynäkologie. Erst wenn sie Abweichungen vom normalen Verlauf feststellt, würde sie überweisen. Auch das Thema Fehlgeburt wird dort als ein viel natürlicherer Prozess behandelt. Nicht wie bei uns, wo es von der Medizin als krankhafter Zustand vereinnahmt ist. So kann man Frauen in dieser Problematik ganz anders abholen und stärken.

Moderator: Dafür braucht man vermutlich nicht nur viel Wissen, sondern auch viel Intuition, um eine Situation richtig beurteilen zu können.

Emma: Da sprichst du ein heikles Thema an, denn momentan geht der Trend mehr und mehr in Richtung Absicherungsmedizin. Man leitet die Geburt lieber sieben als zehn Tage nach errechnetem Termin ein, man entscheidet sich schneller für einen Kaiserschnitt – alles Folgen einer Klagefreudigkeit, die aus den USA zu uns herüberschwappt. Es ist nicht die Schwere oder Häufigkeit der fehlerhaften Verläufe gestiegen, sondern die Höhe der Klagesummen, weniger durch die Eltern als hauptsächlich durch die Sozialversicherungen. Sollte es zu einer Schädigung eines Kindes beim Geburtsvorgang kommen, kann es später nicht einzahlen, wird aber aus der Sozialversicherung bedient. Dafür versucht sie, die Geburtshelfer haftbar zu machen und Geld von deren Versicherungen zu bekommen, was natürlich die Beiträge in schwindelnde Höhen treibt. Geburtsmedizin ist deshalb zu einem Gutteil Absicherungsmedizin geworden. Maßnahmen werden ergriffen, um hinterher nicht des Nichtstuns bezichtigt zu werden. Im Klagefall wird es immer höher bewertet, wenn du etwas tust, als wenn du nichts getan hast, was zu einem Teufelskreis führt: Es werden Dinge getan, die meist zu Lasten von Mutter und Kind gehen.

Moderator: Umso wichtiger ist es für die Mütter, dass sie bei den Hebammen noch eine andere Sicht der Dinge einholen können.

Emma: Richtig, oft muss man die Frauen einfach in ihrem Gefühl bestärken. Reinschauen können wir auch nicht, aber wir können gemeinsam mit der Frau erspüren, was das Richtige für sie ist.

Moderator: Und dabei sitzt ihr auf Messers Schneide! „Die hat mir geraten …“

Emma: Ganz klar, das schwingt im Hinterkopf mit. Was muss ich sagen, damit ich nicht belangt werden kann? Wie muss ich es dokumentieren? Dokumentation hat einen unwahrscheinlich hohen Stellenwert bekommen, und auch das geht zu Lasten der Frauen, denn es wird von der Zeit abgezogen, die wir für eine Frau aufwenden können.

Moderator: Kann es auch zu Situationen kommen, wo eine Frau eine Behandlung ablehnt, zu der du ihr rätst? Wie gehst du damit um?

Emma: Jede Hebamme muss ihren Weg finden, der ihrer Weltsicht entspricht, doch dabei auch flexibel sein, denn letztendlich ist es der Weg der einzelnen Frau, die sie begleitet. Wenn eine Behandlung abgelehnt wird, kann ich nur sagen, dass ich dazu raten würde, doch niemand kann die Frau dazu zwingen – und ich muss es entsprechend dokumentieren. Ich darf als Hebamme nie eine Meinung haben, sondern muss immer ergebnisoffen beraten, solange eine Frau ihr Kind noch im Bauch hat. Erst wenn es auf der Welt ist, gibt es die Handhabe der Kindeswohlgefährdung. Doch meist geht es um wenig greifbare Dinge: Wie lange wartet man, bis man ein Antibiotikum anrät, bis man eine Frau in die Klinik schickt? Es gibt zwar Kataloge von rechtlichen Bestimmungen, aber vieles spielt sich in einer Grauzone ab, und da ist es wesentlich, dass wir Hebammen uns unserer Macht bewusst sind.

Moderator: Und hiermit schließt sich der Kreis – die uralte Macht der weisen Frauen! Vielen herzlichen Dank, Emma, dass du dir die Zeit genommen hast!

Emma: Sehr gern! Ich bedanke mich, dass ich kommen durfte!

richtig: 2., 5., 6., 7., 9., 12., 13., 15., 17.
falsch: 3., 4., 8., 10., 11., 14., 16., 18., 19.

1 b) Lösung

1. grottenschlecht 2. Anstupser 3. Stillen 4. sprudeln, löchern 5. krault 6. rentieren 7. Fehlgeburt 8. Kaiserschnitt 9. Gutteil, bezichtigt 10. übergriffig 11. Scheibe 12. erlösend 13. ergebnisoffen, belangt 14. Klagefreudigkeit 15. Grauzone

1 c) Lösung

2.	3.	4.	5.
d	a/e	a/e	b

▶ 2 **1 d) Beispielhafte Lösung**

1. *Gestern habe ich eine Radiosendung gehört, zu der eine Hebamme eingeladen war. Der Moderator hatte sie eingangs gefragt, weshalb das Wort „Hebamme“ so altertümlich klinge, und sie meinte, es sei eben einer der ältesten Berufe der Welt. Den Eltern müsse heute viel Wissen vermittelt werden. Früher hätten sie in großen Familien oft bereits als Kinder oder Jugendliche erlebt, wie Babys zur Welt kommen, doch heute fehle dieses alte Wissen.*

2. *Die Hebamme meinte, dass Vor- und Nachsorge extrem wichtig seien. Sie würde die Paare in dieser besonderen Situation unterstützen, in der sich die gesamte Lebenssituation verändert. Die jungen Mütter seien oft unsicher und hätten Selbstzweifel, was sie stresst und dazu führen kann, dass es Probleme beim Stillen gibt.*

3. *Doch die Geburten seien auch eine echte Herausforderung für die Männer, zumal diese manchmal nicht auf Vorbilder in der Väter- oder Großvätergeneration zurückgreifen können. Allerdings würden sie heute bei den Geburten auch wirklich gebraucht, und es wäre für sie auch hilfreich, um sich nicht überflüssig vorzukommen.*

4 *Geburten in Kliniken zu begleiten sei für die Hebammen wegen des schlechten Betreuungsschlüssels oft extrem stressig. Da die Personalkosten für die Kliniken der größte Kostenfaktor seien, führe dies dazu, dass eine Hebamme oft mehrere gebärende Frauen gleichzeitig betreuen müsse.*

5. *Der Unterschied zwischen den Ärztinnen und Ärzten und den Hebammen läge darin, dass Medizinerinnen und Mediziner immer das Krankhafte fokussieren würden, während die Hebammen erst einmal von einem natürlichen und gesunden Verlauf ausgingen. Allerdings bräuchten sie eine sehr gute Beobachtungsgabe, viel Wissen und eine gute Intuition, um im richtigen Moment festzustellen, ob sich etwas nicht mehr im normalen Bereich befindet.*

6. *Leider würde in den Kliniken viel Absicherungsmedizin betrieben, was zu Aktionismus führe, um nicht des Nichtstuns bezichtigt werden zu können. Dies komme von der zunehmenden Klagefreudigkeit besonders der Sozialversicherungen und führe dazu, dass die Berufshaftpflichtversicherung für die Hebammen immer teurer wird.*

7. *Wichtig sei für die Hebammen, die Frauen immer ergebnisoffen zu beraten und möglichst alles genau zu dokumentieren, um im Falle einer Klage abgesichert zu sein. Handeln könne eine Hebamme im Sinne der Kindeswohlgefährdung erst, wenn das Kind auf der Welt ist. Obwohl es Kataloge voll rechtlicher Bestimmungen gebe, befinde sich in der Praxis vieles in einer Grauzone. Eine Hebamme müsse sich immer dessen bewusst sein, dass sie als Beratende große Macht besitzt.*

A2 Am Ende der Reise?

▶ 3 **2 a) Im Rahmen der Radiosendung „Gesellschaft heute" führt die Moderatorin ein Interview mit Marvin Kamerer, einem Alltagsbegleiter für demenzkranke alte Menschen. Hören Sie das Interview und kreuzen Sie die richtige Lösung an.**

1. Die Einsamkeit alter Menschen ist am schlimmsten,
   - ☐ wenn sie keine Kinder haben.
   - ☒ wenn sie keinerlei Bezugspersonen mehr haben.
   - ☐ wenn sie keinen Alltagsbegleiter haben.
2. Es liegt in der Eigenverantwortung eines jeden,
   - ☐ seinen letzten Lebensabschnitt bewusst zu gestalten.
   - ☐ genügend Geld in die Pflegekasse einzuzahlen.
   - ☐ die überkommenen traditionellen Bindungen aufzulösen.
3. Marvin hat in einer vietnamesischen Familie erlebt,
   - ☐ dass er vom Gänsebraten nur die Haut bekommen hat.
   - ☐ dass die Familie nur aus pragmatischen Gründen zusammenlebte.
   - ☐ dass die Familie mit dem Großvater voller Liebe und Respekt umging.
4. Zwischen den Generationen herrscht heutzutage kaum eine Beziehung,
   - ☐ doch die Technik könnte diese Kluft überbrücken.
   - ☐ was wir dringend verändern und unseren Kindern anders vorleben sollten.
   - ☐ allerdings haben unsere Kinder das Potenzial, es später anders zu machen.
5. Neben idealistischen Pflegekräften gibt es in den Altenheimen auch MitarbeiterInnen,
   - ☐ die keine Verantwortung für andere übernehmen können.
   - ☐ die gerne wieder zu ihren Familien in der Heimat wollen.
   - ☐ die sich gerne in einer verantwortlichen Position sehen.

6. Die Arbeit in einem Altenheim ist sehr fordernd,
   - ☐ umso mehr, als großer Personalmangel herrscht.
   - ☐ doch man braucht kein spezielles Wissen dafür.
   - ☐ da die Pflegekräfte oft sehr launisch sind.

7. Es wird immer wieder von Gewalt in Pflegeheimen berichtet,
   - ☐ obwohl nur nachweislich geeignete Pflegekräfte eingestellt werden.
   - ☐ weil alle MitarbeiterInnen physisch und psychisch erschöpft sind.
   - ☐ was durch ein Zusammenspiel von einem oft überfordernden Arbeitsalltag und einer eventuell psychisch labilen Phase bei einer Pflegekraft erklärbar ist.

8. Der Generationenvertrag hat keine Gültigkeit mehr,
   - ☐ weil die jungen Menschen nicht für die Alten sorgen wollen.
   - ☐ weshalb unsere Gesellschaft die Unterstützung von jungen ausländischen Arbeitskräften braucht.
   - ☐ weil es in unserer Gesellschaft zu wenig Integration und zu viel Intoleranz gibt.

9. Das bestehende System sollte verändert werden,
   - ☐ indem wir wieder mehr in Großfamilien leben.
   - ☐ damit die Gleichaltrigen öfter zusammen sein können.
   - ☐ sodass wieder mehr Begegnungen zwischen den Generationen möglich sind.

2 b) Welche Worterklärungen passen? Ordnen Sie zu.

1. etw. ist jdm. ein Anliegen
2. etw. fällt flach
3. unweit (+ Gen.)
4. abbauen
5. etw. nachvollziehen
6. die Nestwärme
7. appellieren an jdn.
8. tragfähige Beziehungen
9. der Gegenentwurf
10. innig
11. die Querele
12. das A und O
13. entzweien

___ a) etw. verstehen
___ b) Beziehungen, die auch in Krisen stabil bleiben
___ c) das Wichtigste
___ d) alternatives Konzept
___ e) eng verbunden
1. f) etw. ist jdm. wichtig
___ g) Auseinandersetzung, Unfrieden
___ h) nah bei (+ Dat.)
___ i) auseinanderbringen
___ j) etw. findet nicht statt
___ k) Kraft und Energie verlieren
___ l) jdn. auffordern, dringend bitten
___ m) liebevolles Zuhause

1. etw. geschuldet sein
2. Fuß fassen
3. sich über Wasser halten
4. angewiesen sein auf jdn./etw.
5. ausgeliefert sein
6. Dampf ablassen
7. jdm. gebührt etw.
8. ein offenes Geheimnis
9. einer Sache mächtig sein
10. sich verweben
11. unsäglich
12. aufschlussreich
13. Gänsehaut haben

___ a) abhängig, ohnmächtig sein
_1._ b) seine Ursache in etw. haben
___ c) ärgerlich, nicht akzeptabel
___ d) etw. beherrschen, gut können
___ e) Existenzsicherung
___ f) alle wissen es, aber niemand spricht darüber
___ g) informativ
___ h) sich abreagieren, Ärger abbauen
___ i) sich verbinden
___ j) in einem neuen Lebensumfeld ankommen, sich wohl fühlen und erfolgreich sein
___ k) etw./jdn. dringend brauchen
___ l) ein Recht auf etw. haben
___ m) einen bewegenden Moment erleben

▶ 3 **2 c) Jetzt sind Sie dran. Hören Sie sich das Interview noch einmal an und notieren Sie dabei in Stichworten die wichtigsten Informationen, die Marvin Kamerer erwähnt hat. Fassen Sie diese anschließend in eigenen Worten zusammen. Orientieren Sie sich dabei an den folgenden Punkten.**

1. Einsamkeit der alten Menschen:

___

___

___

2. Eigenverantwortung eines jeden im Hinblick auf das Alter:

___

___

___

3. Situation in manchen ausländischen Kulturen:

4. Gründe für die Kluft zwischen den Generationen und Möglichkeit der Überwindung:

5. Mitarbeiter und Mitarbeiterinnen im Altenheim:

6. Arbeitsalltag im Altenheim:

7. Gründe für Skandale in Altenheimen:

8. Gültigkeit des Generationenvertrags:

9. Priorität bei Änderung des bestehenden Systems:

▶ 3 2 a) Text und Lösung

Ges. heute: Herr Kamerer, Sie arbeiten als Alltagsbegleiter in einem Altenheim. Wie kann ich mir Ihre Tätigkeit dort vorstellen?

MK: Ich verbringe Zeit mit den alten Menschen, komme zum Musizieren, zum Vorlesen, Spazierengehen, Zuhören – oder, wenn Sie so wollen im Fachjargon, um „basale Stimulation“ zu betreiben, Hände zu massieren oder auch mitunter Trost zu spenden. Es geht schnell, dass alte Menschen abbauen und den Lebensmut verlieren, wenn sie keine Ansprache und Stimulation haben und immer einsamer werden.

Ges. heute: Sie sagten gerade, die alten Menschen würden „immer einsamer“. Führt Ihrer Ansicht nach die Lebensrealität unserer modernen Gesellschaft mit hohen Scheidungsraten, häufiger Kinderlosigkeit oder dem gerade in Großstädten verbreiteten Single-Dasein mit wechselnden Beziehungen zu mehr Einsamkeit im Alter?

MK: Das mag eine Rolle spielen. Doch oft gibt es sogar Kinder, die sich aber nicht kümmern. Und das ist am schwierigsten für die alten Menschen zu verstehen, warum sie von ihrer Familie nicht besucht werden. Beziehungen, die verloren gehen, das ist das Schlimmste, besonders wenn, vielleicht demenzbedingt, geistig nicht mehr nachvollzogen werden kann, warum das so ist. Wenn es Bezugspersonen gibt, die uns nahestehen und für uns da sind, müssen das jedoch nicht zwingend Kinder sein. Doch wenn man einmal Kinder in die Welt gesetzt hat, sie genährt und ihnen im Normalfall auch Nestwärme und Geborgenheit gegeben hat, sodass sie aufwachsen konnten, und man nun darauf angewiesen wäre, dass das Prinzip umgedreht wird und die Kinder für einen da sind, doch es kommt gar nichts zurück ... Das ist ein wirklich trauriges Bild, wenn die Alten allein im Altenheim sitzen, und niemand mehr für sie da ist.

Ges. heute: Kann man von einem Teil an Eigenverantwortung der älter werdenden Menschen sprechen, an den man stärker appellieren müsste? Ich spreche jetzt nicht von privater Lebensversicherung oder den regelmäßigen Einzahlungen in die Pflegekasse, sondern eher von bewusstem Gestalten der Situation des Alters, dem Aufbau tragfähiger Beziehungen und Lebensentwürfe, die eben diesen eher tabuisierten Bereich des Alters mit einbeziehen?

MK: Das Bewusstsein dafür wächst in unserer Gesellschaft, dass es ganz schön einsam werden kann, wenn sich Soziales immer mehr zersiedelt oder auseinanderfällt. Es gibt meines Erachtens zunehmend Menschen, die Gegenentwürfe leben, in Wohngemeinschaften, Mehrgenerationenhäusern oder einfach in Projekten, die das Miteinander der Generationen zum Ziel haben. Ich habe schon den Eindruck gewonnen, dass allmählich immer mehr Menschen erkennen, was für einen unschätzbaren Wert

Nähe und Zusammenhalt haben. Auf meinen Reisen habe ich in vielen Ländern erlebt, dass dieser Zusammenhalt weitaus inniger ist als bei uns, trotz der Querelen im emotionalen Miteinander, die auf der ganzen Welt dieselben sind. In unserer Gesellschaft empfinde ich die Distanz als stärker. Ich freue mich für jeden, der die Erkenntnis gewinnt, dass dieses Miteinander das A und O ist, dass Liebe so essenziell ist wie Luft-Atmen, wie Essen, Trinken und Schlafen.

Ges. heute: Also müssen dort, wo sich die überkommenen traditionellen Bindungen als nicht mehr tragfähig erweisen, neue Beziehungsmuster entstehen?

MK: Genau – denken Sie nur an das vielleicht zweckgeprägte, aber doch gemeinschaftliche Leben der Großfamilien, die die vorindustrielle Zeit geprägt haben. Die Industrialisierung hat viel verändert und die Menschen entzweit.

Ges. heute: Wenn Sie in anderen Kulturen traditionelle Großfamilien beobachtet haben, haben Sie das als Zweckgemeinschaft empfunden, oder war das mehr?

MK: Das erinnert mich an eine Einladung in einer vietnamesischen Familie. Ich habe dort einen Tag lang mit Gänsehaut gesessen, weil dem Ältesten der Familie so spürbar viel liebevolle Wertschätzung entgegengebracht wurde. Das fühlte sich nicht steif an, sondern ganz natürlich und lebendig, als Respekt und Liebe demjenigen gegenüber, der einmal die Lebensgrundlage für alle geschaffen hatte. Und nun schauen Sie in unsere Altenheime: Hier sitzen die, vergessen und verloren, die die Lebensgrundlage für uns geschaffen haben, obwohl sie in ihrer Kindheit und Jugend Deutschland nach dem Zweiten Weltkrieg wieder aufbauen mussten. Das macht mich so traurig.

Ges. heute: Wie kann denn die Kluft zwischen den Generationen in Zukunft besser überbrückt werden?

MK: In erster Linie durch unser Verhalten gegenüber der Generation vor uns. Gedankliche Grundlage sollte einfach der Spruch sein: „Was du nicht willst, dass man dir tu, das füg' auch keinem andern zu." Was wir unseren Kindern vorleben und was für Werte wir ihnen vermitteln, ist das, was sie später an Möglichkeiten haben, zusätzlich zu ihrem eigenen Potenzial.

Ges. heute: Gehen wir doch noch einmal in Ihren Alltag. Sie arbeiten mit den Pflegefachkräften zusammen. Was für Menschen arbeiten in den Altenheimen? Wer sind Ihre Kolleginnen oder Kollegen?

MK: Ich kann aus meiner Erfahrung natürlich keinen repräsentativen Querschnitt liefern, aber man findet sicherlich einige junge sehr idealistische Pflegekräfte, denen es eine Herzensaufgabe ist, für andere da zu sein. Dann gibt es jene, die unglaublich gerne Verantwortung für andere übernehmen und das gut in der Pflege ausleben können. Aufgrund der personellen Engpässe haben auch die Bewerbungen vieler Kolleginnen und Kollegen aus anderen Ländern gute Chancen, für die die Pflege eine Möglichkeit ist, hier Fuß zu fassen, beziehungsweise die mitunter ganze Familien in der Heimat mit ihrem Lohn über Wasser halten müssen. Doch es finden sich auch Mitarbeiterinnen oder Mitarbeiter, die keinerlei Bezug zum Menschen haben und in diesem sensiblen Bereich leider gänzlich falsch aufgehoben sind.

Ges. heute: Sind Ihrer Ansicht nach Altenpfleger:innen und Alltagsbegleiter:innen angemessen bezahlt?

MK: Gemessen an dem Aufwand und dem Einsatz sicherlich nicht. Vollzeit-Pflegekräfte gehen oft am Rande dessen entlang, was für sie gesundheitlich noch machbar ist. In einer Schicht auf meiner Demenz-Station bin ich als Alltagsbegleiter mit zwei oder drei Pflegekräften für 25 intensivst pflegebedürftige Menschen verantwortlich, denen Essen eingegeben werden muss, die bewegt werden und deren Windeln gewechselt werden müssen und so weiter. Dazu haben sie auch ihre Launen und ganz persönlichen Bedürfnisse. Man braucht ein unglaubliches Wissen, muss unfassbar flexibel und schnell sein, und alle Abläufe müssen reibungslos ineinandergreifen. Eine Herausforderung, die mich oft an meine Grenzen bringt.
Der Raum für das Zwischenmenschliche kommt dabei oft zu kurz. Doch warum sind wir so unterbesetzt? Hier sind wir bei der Frage, welchen Wert alte Menschen in unserer Gesellschaft haben. Leider kann man diese Frage schnell beantworten. Systemisch bedingt bist du nur etwas wert, wenn du wertschöpferisch tätig bist, wenn du etwas leistest.

Ges. heute: Sind in diesem Zusammenhang auch Nachrichten von Skandalen in Pflegeheimen zu sehen, von Misshandlung bis hin zu Mord, die ja mitunter durch die Schlagzeilen gehen? Kann es dazu durch den extrem fordernden Arbeitsalltag und die permanente Überforderung kommen?

MK: Ein schwieriges Thema. Ja, der Stress ist immens, das Anforderungspotenzial ist enorm hoch, und allein der benötigte Einsatz an Körperkraft – stellen Sie sich vor, es sind überwiegend Frauen, die diesen Beruf ausüben, die dann am Abend auf unserer Station zu zweit oder zu dritt 25 Menschen ins Bett bringen, aus den Rollstühlen heben, und so weiter – das erschöpft zweifelsohne, physisch und psychisch. Nun möchte ich zu diesem Thema keine weiteren Mutmaßungen anstellen, aber kommen vielleicht psychisch labile Phasen, angestaute Aggressionen oder generell mangelnde emotionale Kontrollfähigkeit zusammen, kann es durchaus zu einer Eskalation kommen. Es wäre so essenziell, in allen Lebensbereichen, in denen Menschen, egal, welchen Alters oder welcher Herkunft, angewiesen und ausgeliefert sind, genau hinzuschauen: Sind diejenigen, die diese Aufgaben übernommen haben, auch dafür geeignet? Und werden Arbeitsbedingungen und ein Umfeld geboten, in dem die Engagierten auch offen und hingewandt bleiben können?

Ges. heute: Ich kann mir vorstellen, dass alte Menschen in ihren Stimmungen und Äußerungen auch nicht immer kontrolliert sind, erst recht, wenn sie sich dessen durch eine Demenzerkrankung nicht mehr bewusst sind.

MK: Ja, hier kommen Hilfsbedürftigkeit und Aggressivität mitunter zusammen. Damit umzugehen und das aufzufangen ist alles andere als leicht. Außerdem weiß eine Pflegekraft, ein „Dampf ablassen" zieht meist keine Konsequenzen nach sich, da der alte Mensch sich entweder nicht äußern kann oder es in Kürze vergessen hat. Dadurch bricht das soziale Regulativ weg.

Ges. heute: Wenn nun dem Alter wieder der Raum und die Bedeutung gegeben würde – in jeder Hinsicht, auch in finanzieller –, die den alten Menschen eigentlich gebührt, wäre das denn machbar in einer Gesellschaft, in der alle Verantwortung und Arbeitslast auf immer weniger jungen Schultern ruht?

MK: Der sogenannte „Generationenvertrag", die Pyramide vieler arbeitsfähiger Menschen mit einer Spitze von wenigen Alten, hat schon lange seine Gültigkeit verloren, das ist Realität. Und somit ist es ein offenes Geheimnis, dass unsere Gesellschaft eigentlich viele junge Menschen aus anderen Ländern braucht, was natürlich weitere Fragen von Integration und Toleranz nach sich zieht. Interessant ist dabei jedoch, dass im Bereich der Altenpflege sozusagen eine zwangsweise Bewusstseinserweiterung stattfindet. Der Leidensdruck bei diesem Thema ist so groß, dass sich plötzlich eine ganz andere Akzeptanz ergibt und gerne Hilfe angenommen wird, auch wenn die Menschen der deutschen Sprache nicht gänzlich mächtig sind.

Ges. heute: Was würden Sie priorisieren, wenn Sie die Möglichkeit hätten, das bestehende System zu ändern?

MK: Begegnungen ermöglichen, Kontakte zu jüngeren Menschen herstellen und dadurch die Generationen wieder mehr verweben, was bei uns so zerfallen ist. Ich finde es unsäglich, dass wir von klein auf in Alterskategorien gepackt und zwangssepariert werden. Man ist ständig nur mit Gleichaltrigen zusammen, und da Großfamilien nicht mehr existieren, wo Kinder mit sämtlichen Altersstufen konfrontiert waren und einfach mitgelaufen sind, verspielt man eine großartige Chance, voneinander zu lernen. Die logische Konsequenz ist, dass auch die Alten separiert werden, mit allen negativen Folgen. Und dem Verlust dessen, was es einem gibt, wenn einen ein alter Mensch anschaut, mit all seiner Liebe und Erfahrung. Das ist für mich in meiner oft schwierigen Arbeit die größte Bereicherung.

Ges. heute: Das ist doch ein wunderbares Schlusswort! Ganz herzlichen Dank für das aufschlussreiche Gespräch!

2. *Es liegt in der Eigenverantwortung eines jeden, seinen letzten Lebensabschnitt bewusst zu gestalten.*
3. *Marvin hat in einer vietnamesischen Familie erlebt, dass die Familie mit dem Großvater voller Liebe und Respekt umging.*
4. *Zwischen den Generationen herrscht heutzutage kaum eine Beziehung, was wir dringend verändern und unseren Kindern anders vorleben sollten.*
5. *Neben einigen sehr idealistischen Pflegekräften gibt es in den Altenheimen auch MitarbeiterInnen, die sich gerne in einer verantwortlichen Position sehen.*
6. *Die Arbeit in einem Altenheim ist sehr fordernd, umso mehr, als großer Personalmangel herrscht.*
7. *Es wird immer wieder von Gewalt in Pflegeheimen berichtet, was durch ein Zusammenspiel vom oft überfordernden Arbeitsalltag und einer eventuell psychisch labilen Phase bei einer Pflegekraft erklärbar ist.*
8. *Der Generationenvertrag hat keine Gültigkeit mehr, weshalb unsere Gesellschaft die Unterstützung von jungen ausländischen Arbeitskräften braucht.*
9. *Das bestehende System sollte verändert werden, sodass wieder mehr Begegnungen zwischen den Generationen möglich sind.*

2 b) Lösung

Seite 17:

2.: *j*	5.: *a*	8.: *b*	11.: *g*
3.: *h*	6.: *m*	9.: *d*	12.: *c*
4.: *k*	7.: *l*	10.: *e*	13.: *i*

Seite 18:

2.: *j*	5.: *a*	8.: *f*	11.: *c*
3.: *e*	6.: *h*	9.: *d*	12.: *g*
4.: *k*	7.: *l*	10.: *i*	13.: *m*

2 c) Beispielhafte Lösung: Stichpunkte

1. *Schmerzhaft ist der Verlust der Beziehung zu Kindern; kein Dank für die erfahrene Fürsorge. Wichtigkeit von Bezugspersonen, egal welcher Art*
2. *Nicht nur finanzielle Vorsorge wichtig, sondern auch der Aufbau tragfähiger Beziehungen und Planung von gemeinschaftlichem Zusammenleben*
3. *Mehr Respekt und Wertschätzung Alten gegenüber; Schaffung der Lebensgrundlage der nachfolgenden Generationen*
4. *Den Kindern anderes vorleben und andere Werte vermitteln*
5. *Einige IdealistInnen; einige stark auf die Verantwortung bezogene; ausländische MitarbeiterInnen mit der Hoffnung auf Niederlassung; einige, die keinen Bezug zu Menschen haben*
6. *Erfordert viel Wissen, Flexibilität und Schnelligkeit; Herausforderung für alle, oft an der Grenze der physischen und psychischen Leistungsmöglichkeit; unterbesetzt; unterbezahlt*
7. *Möglicherweise Eskalation bestimmter Situationen durch psychisch labile Phasen der Pflegekräfte, Überforderung, angestaute Aggression, mangelnde emotionale Kontrollfähigkeit; auch oft schwierigste Arbeitsbedingungen; mitunter zwar hilfsbedürftige, aber auch aggressive alte Menschen; gewaltsames Verhalten der Pflegekräfte hat oft keine Konsequenz*
8. *Realität ist die allmähliche Umkehrung der Alterspyramide; Notwendigkeit des Zuzugs junger Menschen aus anderen Ländern*
9. *Auflösung der Trennung in Alterskategorien; Möglichkeit von Begegnung zwischen den Generationen*

Zusammenfassung

▶ 4 *In der Radiosendung „Gesellschaft heute" wird Marvin Kamerer interviewt, ein Alltagsbegleiter in einem Altenheim. Er kümmert sich um alte Menschen, damit diese nicht immer einsamer werden.*

Einsamkeit ist in dieser Lebensphase ein zentrales Thema, sogar wenn Kinder vorhanden sind, denn leider besteht nicht immer ein guter Kontakt. Das ist dann umso schmerzhafter, wenn die Fürsorge, die die Elterngeneration einmal geleistet hat, später nicht zurückkommt. Wesentlich ist jedoch, dass es überhaupt Bezugspersonen gibt.

Sich auf diese oft schwierige Lebensphase vorzubereiten, liegt auch in der Verantwortung eines jeden, denn tragfähige Beziehungen aufzubauen und eventuell auch gemeinschaftliches Wohnen zu überlegen ist mindestens ebenso wichtig wie finanzielle Vorsorge.

Oft scheint es in anderen Kulturen mehr Respekt und Wertschätzung alten Menschen gegenüber zu geben, was auch für uns erstrebenswert wäre, da es ja diese Generation ist, die die Lebensgrundlage für alle nachfolgenden geschaffen hat. Somit sind wir gefordert, unseren Kindern entsprechende Werte zu vermitteln und es anders vorzuleben als bisher. Nur so kann die Kluft zwischen den Generationen, die sich durch den technischen Fortschritt besonders rasant vergrößert, überbrückt werden.

In den Altenheimen finden sich Mitarbeitende aus unterschiedlichsten Motivationen. So gibt es einige sehr idealistische Pflegekräfte, aber auch Menschen, denen es am wichtigsten ist, in verantwortlichen Positionen zu sein. Auch viel ausländisches Pflegepersonal ist in diesem Sektor zu finden: Menschen, die hoffen, über diese Arbeit in Deutschland Fuß fassen zu können. Leider gibt es auch einige, die wenig Bezug zu Menschen haben und hier eigentlich fehl am Platz sind.

Der Arbeitsalltag ist extrem fordernd und stellt an Körper und Psyche hohe Ansprüche. Die Pflegekräfte müssen für die Pflege viel wissen, flexibel und schnell sein, obwohl sie unterbezahlt und häufig unterbesetzt sind. Das führt mitunter zu Situationen, die eskalieren und als Skandale in den Schlagzeilen auftauchen. Zu erklären ist dies durch ein mögliches Zusammenspiel von psychisch labilen Phasen der dort arbeitenden Menschen, Überforderung und schwierigen Arbeitsbedingungen, aber auch durch angestaute Aggression. Generell kann auch mangelnde emotionale Kontrollfähigkeit dazu führen. Erschwerend kommt die Hilfsbedürftigkeit, aber auch Launenhaftigkeit oder Aggressivität mancher alten Menschen hinzu und die Tatsache, dass gewaltsame Reaktionen des Pflegepersonals kaum Konsequenzen haben.

Zu lösen ist diese problematische Situation eigentlich nur durch Zuzug junger Menschen aus dem Ausland, denn gesamtgesellschaftlich gesehen hat der Generationenvertrag schon längst seine Gültigkeit verloren und die Alterspyramide verändert sich gravierend.

Am wichtigsten ist jedoch, dass es wieder vermehrt zu Begegnung zwischen den Generationen kommt und die strikte Trennung in Alterskategorien, die bereits in der Kindheit beginnt, aufgelöst wird.

B Medizin und Gesundheit

B1 Heilmittel ohne Nebenwirkungen

▶ 5 **1 a) Auf dem Kongress „Neue Wege der Heilung“ mit namhaften Expertinnen und Experten aus Wissenschaft und Praxis hält die Leiterin des Instituts für tiergestützte Therapie, Larissa Ravenstein, einen Vortrag über die vielfältigen Therapiemöglichkeiten mit Tieren. Ergänzen Sie die fehlenden Wörter so, wie Sie sie im Vortrag gehört haben.**

1. Das Gehirn hat das Hormon Oxytocin *ausgeschüttet*.
2. So können kein Stress oder schlechte Stimmungen ____________________.
3. Ich gebe Ihnen einen Überblick, welche Tiere mit dem Ziel der Unterstützung bei Therapien zum ____________________ kommen.
4. In einem Flyer finden Sie die ____________________ Literatur und die Quellenangaben zu den Studien.
5. Ich vernachlässige die Quellenangaben im Rahmen meines Vortrags, um ihn nicht zu ____________________ werden zu lassen.
6. ____________________ beruhigt das Zusammenleben mit einem Haustier.

7. Ein Haustier ______________________ die Einsamkeit und ______________________ die Gefahr von Suchtkrankheiten.
8. Die positiven Auswirkungen auf die Ausbildung emotionaler Intelligenz liegen auf der ______________________.
9. Beim Gassigehen tun Bewegung und Vitamin D ihr ______________________ zur Bekämpfung der Depressionen.
10. Dem Tier wird von der therapeutischen Fachkraft zielgerichtet eine bestimmte Rolle ______________________.
11. Das Tier kann Gesprächsanlass sein, zu einer Aktion motivieren oder als Projektionsfläche ______________________.
12. Die meisten Menschen haben mit Alpacas noch keine schlechten Erfahrungen gemacht und können ihnen ______________________ begegnen.
13. Dem Menschen ______________________ eine tiefsitzende Affinität zur Natur ______________________.
14. Ein Lebewesen im Arm zu halten und zu ______________________ führt zur Ausschüttung von Glückshormonen.

▶ 5 **1 b) Hören Sie den Vortrag noch einmal. Lesen Sie dann die folgenden Stichpunkte und hören Sie den Vortrag ein weiteres Mal. Machen Sie sich Notizen zu den Stichpunkten.**

1. Wirkung des Hormons Oxytocin: *Unterdrückung von Stress,* ______________________

   ____

   ____

   ____

2. Quellenangaben zu den Studien: ______________________

   ____

   ____

   ____

3. Jahresdurchschnitt der Haltungskosten für Haustiere in Deutschland: ______________

____

____

____

4. Positive gesundheitliche Auswirkungen der Haustierhaltung: ______________

____

____

5. Heilsame Wirkung auf depressive Menschen: ______________

____

____

____

6. Funktion von Hunden in Therapiesituationen: ______________

____

____

____

7. Beispiele für tiergestützte Aktivitäten: ______________

____

____

____

8. Beispiel für tiergestützte Pädagogik: ______________

____

____

9. Rollen des Tieres in der tiergestützten Therapie: ______________

____

____

10. Beispiele für tiergestützte Therapie: ______________________________

____

____

____

11. Für Therapiearbeit geeignete Tiere: ______________________________

____

____

____

12. Gründe für besondere Eignung der Alpacas: ______________________________

____

____

13. Kritikpunkte an der Therapie mit Delfinen: ______________________________

____

____

14. Sinnvollerer Therapieansatz mit Delfinen: ______________________________

____

____

15. Positive Auswirkungen auf Kinder mit Behinderungen: ______________________________

____

____

16. Gründe der positiven Wirkung tiergestützter Therapie: ______________________________

____

____

▶ 6 **1 c) Jetzt sind Sie dran. Hören Sie zunächst die Fragen, die ein Journalist Larissa Ravenstein stellt. Beantworten Sie sie auf der Basis des Vortrags.**

1 a) Text und Lösung

Guten Morgen, meine Damen und Herren,
haben Sie heute früh schon Ihre Kaninchen gefüttert? Oder Ihren Hund Gassi geführt? Oder wenigstens Ihre Katze gestreichelt? Das hoffe ich doch, denn dann hat Ihr Gehirn ausreichende Mengen des Hormons Oxytocin ausgeschüttet, um keinen Stress oder schlechte Stimmungen aufkommen zu lassen. Im Gegenteil, es hat sie mit Kommunikationsfähigkeit und Lust zu sozialer Interaktion ausgestattet. Beides können Sie im Verlaufe unseres zweiten Kongresstages sicher gut brauchen!
Jeder, der Kontakt mit Tieren hat, weiß, wovon ich spreche, alle anderen kann ich heute hoffentlich wenigstens neugierig machen. Ich werde Ihnen einen Überblick darüber geben, welche Tiere und auf welchen Gebieten sie mit dem Ziel der Unterstützung bei Therapien und Heilung im weitesten Sinne zum Einsatz kommen. Im Anschluss an diesen Vortrag gibt es Raum für einen hoffentlich anregenden Austausch und eine Diskussionsrunde. Bei dieser Gelegenheit erhalten Interessierte ein Handout, in dem Sie die einschlägige Literatur respektive die Quellenangaben zu den Studien finden, deren exakte Erwähnung ich jetzt im Rahmen meines Vortrags vernachlässige, um ihn nicht allzu dröge werden zu lassen.
In Deutschland leben rund 34 Millionen Haustiere der verschiedensten Art. Warum nehmen so viele Menschen den Zeitaufwand und die Haltungskosten auf sich? Deutschlandweit lagen die Ausgaben für den Heimtierbedarf bei der letzten Erhebung immerhin bei rund 4,8 Milliarden Euro, mit steigender Tendenz. Nachgewiesenermaßen beruhigt das Zusammenleben mit einem Haustier: Der Kreislauf wird stabiler, der Blutdruck gesenkt, Schlafstörungen nehmen ab. Einsamkeit aufgrund sozialer Isolation wird gelindert, die Gefahr von Suchterkrankungen gemindert. Auch bei der Erziehung hilft ein Haustier, da die Kinder lernen müssen, Verantwortung zu übernehmen, für ein anderes Lebewesen zu sorgen und Empathie zu empfinden, und sie erhalten im Gegenzug Lebensfreude, Zuneigung und Anerkennung. Die positiven Auswirkungen auf die Ausbildung emotionaler Intelligenz und wachsendes Selbstbewusstsein liegen auf der Hand.
Tiere regen mit ihren Bedürfnissen auch zu Bewegung an. Katzen fordern uns zum Spielen, Hunde zum Spazierengehen auf. Und genau dieser hohe Aufforderungscharakter besonders von Hunden ist es, der therapeutisch so hervorragend genutzt werden kann. Auch bei Menschen, die unter Depressionen leiden, kann ein Hund aus den genannten Gründen heilsame Wirkung haben. Er ist direkt und spontan in seiner Zuneigung, wertet seinen Besitzer nicht nach gesellschaftlichen Kategorien und ist immer da. Dazu geben die Bedürfnisse des Hundes seinem Besitzer eine Struktur: Beim Gassigehen tun Bewegung und Vitamin D ihr Übriges zur Bekämpfung der Depression. Und nicht zuletzt tröstet und beruhigt ein zugewandtes Lebewesen in einer derartigen Lebenskrise, in der die Betroffenen häufig vereinsamen.

So wie Menschen mit Sozialphobie durch die Spaziergänge mit ihrem Hund eine Brücke zu zwischenmenschlicher Kommunikation gewiesen bekommen, können Hunde auch in Therapiestunden als „Eisbrecher" fungieren. Die Atmosphäre zwischen Behandelnden und Behandelten verändert sich sofort, sobald ein Tier dabei ist, und dadurch wird das therapeutische Arbeiten leichter. Man spricht hier von sogenannter tiergestützter Intervention, kurz: TGI, und diese unterteilt sich in drei Felder: tiergestützte Aktivitäten, tiergestützte Pädagogik und tiergestützte Therapie.
Bei den sogenannten „tiergestützten Aktivitäten" findet eine informelle Interaktion zwischen Mensch und Tier statt. Dazu zählt beispielsweise ein Besuch mit Tieren in einem Seniorenheim oder auch tiergestützte Notfallhilfe bei Menschen mit traumatischen Erfahrungen.
Das zweite Feld stellt die „tiergestützte Pädagogik" dar. Sie bezieht sich, wie der Name schon sagt, auf sämtliche pädagogische Bereiche. Erlebnisse mit Tieren können ganz generell im Sinne der Umweltbildung wirken, Lehrkräfte in Schulen können von „Schulhunden" unterstützt werden, und „Sprachhunde" können eingesetzt werden, um Kinder zum Sprachenlernen zu motivieren.
Im dritten Bereich, der „tiergestützten Therapie", wird dem Tier vom Therapierenden zielgerichtet eine bestimmte Rolle zugewiesen. Es kann Gesprächsanlass sein, zu einer Aktion motivieren, als Projektionsfläche dienen oder den Therapierten Sicherheit vermitteln und ihr Selbstwertgefühl steigern. So ist der Schäferhund, der ein Kind im Wachkoma besucht, Anlass genug, das Kind zu entspannen. Es lächelt, wenn der Hund seine Hände oder Füße ableckt und verfolgt ihn mit seinen Augen – alles Reaktionen, die auf anderen therapeutischen Wegen sehr schwer erreicht werden. Eine amerikanische Studie beschreibt, wie sich eine Gruppe autistischer Kinder nach drei Monaten regelmäßigen therapeutischen Reitens deutlich sozial aufgeschlossener verhielt, eine bessere Wahrnehmungsfähigkeit aufwies und sich besser konzentrieren konnte als die Vergleichsgruppe. Aber auch Erwachsene können von der tiergestützten Therapie profitieren: So gewannen Soldaten mit posttraumatischem Belastungssyndrom nach einer tiergestützten Hundetherapie Lebensfreude und Vertrauen zu einem Lebewesen zurück.
Nun haben wir meist von Hunden gesprochen oder Katzen und auch Pferden. Doch es gibt weitere Tiere, mit denen therapeutisch ganz hervorragend gearbeitet werden kann: Alpacas oder Lamas zum Beispiel. Sie sind, hier bei uns zumindest, exotisch genug, sodass niemand eine schlechte Erfahrung mit ihnen verbinden, sondern ihnen unvoreingenommen begegnen kann. Dazu sind es zurückhaltende, aber zugleich neugierige und freundliche Tiere. Ihre langsamen Bewegungen erschrecken nicht und lassen sich gut verfolgen. Der Mensch muss sich dem Lama oder Alpaca ebenfalls ruhig nähern, sonst zieht es sich zurück. Dieses Wechselspiel von Nähe und Distanz, das in der Begegnung ein Kontrollieren seiner Gefühle fordert, ist hervorragend geeignet für alle Menschen mit psychischen Erkrankungen, die mit extremem Verhalten verbunden sind, zum Beispiel Borderline oder bipolare Störungen.

Auch mit delfingestützter Therapie gibt es verschiedene Erfahrungen. Es wird davon berichtet, dass Kinder besser mit ihren Therapierenden und Eltern kooperieren, wenn sie zur Belohnung zu einem Delfin ins Becken steigen dürfen.
Zwischenruf: Tierquälerei!
Ganz recht, mein Herr, hiermit greifen Sie den Hauptkritikpunkt auf, dem sich diese Art der Therapie ausgesetzt sieht und zu dem ich gleich noch gekommen wäre.
Denn nicht nur mit Perspektive auf das Tier, dem man bekanntermaßen schadet, wenn man es nicht artgerecht hält, sondern auch mit Blick auf die Patientinnen oder Patienten ist diese Delfintherapie umstritten. Vonseiten der Meeresbiologen wird gewarnt, dass aggressives Verhalten des Delfins die Folge sein kann, wenn er sich eingeengt fühlt und keine Möglichkeit hat auszuweichen. In der Tat ist es bereits zu einer Vielzahl von Unfällen gekommen. Akzeptabler sind da sicherlich die Therapieansätze, die mit Delfinen in abgetrennten Meeresbuchten arbeiten und die bei Kindern mit Spastik, Hirntraumata und Geburtsschäden durchaus bereits Erfolge hatten. Untersuchungen haben gezeigt, wie die Interaktion mit einem Delfin die Lernfähigkeit und damit Weiterentwicklung des Kindes fördert.
Doch wie gesagt, im Anschluss an meinen Vortrag haben wir noch Gelegenheit, uns mit strittigen Punkten auseinanderzusetzen.
Meine Damen und Herren, ich behaupte, dass die existenzielle Qualität, die das Zusammensein mit Tieren hat, im Grunde jeden Menschen erreicht, sogar leichter, als es jedem Therapierenden alleine gelingen kann. Bereits bei Babys lässt sich beobachten, wie Tiere viel mehr Interesse als lebloses Spielzeug hervorrufen. Dem Menschen wohnt eine tiefsitzende Affinität zur Natur inne, und ein Lebewesen – erlauben sie mir sogar zu sagen egal, ob Mensch oder Tier – im Arm zu halten und zu liebkosen, führt zur Ausschüttung von Glückshormonen.
Natürlich haben Tiere keine magischen Heilkräfte. Derartiges zu erwarten wäre Unsinn. Aber in Kombination mit empathiefähigen und erfahrenen Therapierenden können Tiere Unglaubliches bewirken, gerade in unserer hochtechnisierten Welt, in der die Bindung an die Natur immer mehr verloren geht. Die Sehnsucht danach jedoch bleibt bestehen. Vielen Dank für Ihre Aufmerksamkeit.

2. aufkommen
3. Einsatz
4. einschlägige
5. dröge
6. Nachgewiesenermaßen
7. lindert, mindert
8. Hand
9. Übriges
10. zugewiesen
11. dienen
12. unvoreingenommen
13. wohnt … inne
14. liebkosen

1 b) Beispielhafte Lösung

1. Wirkung des Hormons Oxytocin: *Unterdrückung von Stress, Ängsten oder schlechten Stimmungen, Förderung von Kommunikationsfähigkeit und Lust zu sozialer Interaktion*
2. Quellenangaben zu den Studien: *Diskussionsrunde im Anschluss, Erhalt eines Flyers mit Angaben zu einschlägiger Literatur und Quellenangaben zu den im Vortrag erwähnten Studien*
3. Jahresdurchschnitt der Haltungskosten für Haustiere in Deutschland: *rund 4,8 Milliarden Euro, steigende Tendenz*
4. Positive gesundheitliche Auswirkungen der Haustierhaltung: *Stabilisierung des Kreislaufs, Senkung des Blutdrucks, weniger Schlafstörungen, Linderung der Einsamkeit, Senkung der Gefahr von Suchtkrankheiten, Aufforderung zu Bewegung*
5. Heilsame Wirkung auf depressive Menschen: *direkte und spontane Zuneigung der Tiere, keine Wertung nach gesellschaftlichen Kategorien, permanente Anwesenheit, Strukturierung des Tagesablaufs, Bewegung an der frischen Luft, Trost und Beruhigung*
6. Funktion von Hunden in Therapiesituationen: *„Eisbrecher", Veränderung der Atmosphäre*
7. Beispiele für tiergestützte Aktivitäten: *Besuch mit Tieren in Seniorenheim, Notfallhilfe bei Menschen mit traumatischen Erfahrungen*
8. Beispiel für tiergestützte Pädagogik: *Anreiz für Umweltbildung, Schulbegleiter, Sprachbegleiter*
9. Rollen des Tieres in der tiergestützten Therapie: *Gesprächsanlass, Motivator zur Aktion, Projektionsfläche, Vermittlung von Sicherheit, Steigerung des Selbstwertgefühls der Therapierten*
10. Beispiele für tiergestützte Therapie: *Besuch eines Hundes bei Kind im Wachkoma, therapeutisches Reiten einer Gruppe autistischer Kinder, Hundetherapie für Soldaten mit posttraumatischem Belastungssyndrom*
11. Für Therapiearbeit geeignete Tiere: *Hunde, Katzen, Pferde, Alpacas, Lamas, Delfine*
12. Gründe für besondere Eignung der Alpacas: *keine schlechten Erfahrungen werden assoziiert; zurückhaltende, aber neugierige und freundliche Tiere; langsame Bewegungen*
13. Kritikpunkte an der Therapie mit Delfinen: *Haltung in Becken ist nicht artgerecht, kann Aggressivität der Tiere zur Folge haben, bereits viele Unfälle passiert*
14. Sinnvollerer Therapieansatz mit Delfinen: *Haltung in abgetrennten Meeresbuchten*
15. Positive Auswirkungen auf Kinder mit Behinderungen: *Förderung der Lernfähigkeit und der Weiterentwicklung des Kindes*
16. Gründe der positiven Wirkung tiergestützter Therapie: *tiefsitzende Affinität des Menschen zur Natur, Ausschüttung von Glückhormonen bei Nähe und Liebkosung eines Lebewesens*

▶ 7 **1 c) Beispielhafte Lösung**

1. Welche positiven gesundheitlichen Auswirkungen hat das Zusammenleben mit Tieren auf den Menschen?
   Das Gehirn der Menschen, die sich mit einem Haustier beschäftigen, es füttern und streicheln, schüttet Glückshormone aus, die gut sind gegen Stress und schlechte Stimmung. Außerdem ist die beruhigende und insgesamt gesundheitsfördernde Wirkung von Haustieren auf Kreislauf, Blutdruck und Bekämpfung von Schlafstörungen erwiesen.
2. Und weshalb gibt es so oft Tiere in Familien mit Kindern?
   Wenn Kinder mit Tieren aufwachsen, lernen sie, Verantwortung zu übernehmen. Es bildet ihre emotionale Intelligenz, wenn sie lernen, fürsorglich und empathisch mit einem anderen Lebewesen umzugehen. Und natürlich wirkt die Zuneigung, die ihnen ein Tier entgegenbringt, förderlich auf ihr Selbstbewusstsein.
3. Was kann man sich unter tiergestützter Therapie vorstellen?
   Bei bestimmten Krankheitsbildern kann der Einsatz eines Tieres die Therapie unterstützen, denn bereits nur die Anwesenheit zum Beispiel von einem Hund verändert die Atmosphäre einer Therapiestunde.
4. Können Sie mir ein paar Beispiele für die tiergestützte Therapie nennen?
   Ja, zum Beispiel ist ein Junge, der sich im Wachkoma befindet, viel schneller durch die Anwesenheit eines Hundes zu erreichen, da dieser alle seine Sinne anspricht. Oder autistische Kinder sind nach einer Phase therapeutischen Reitens viel aufgeschlossener und konzentrierter. Auch bei posttraumatischen Belastungsstörungen von Soldaten kommen Tiere zum Einsatz.
5. Zählen Besuche von Tieren zum Beispiel in einem Seniorenheim auch dazu?
   So etwas ist die sogenannte tiergestützte Aktivität: Hier bietet man Gelegenheit zu einer informellen Interaktion zwischen Mensch und Tier.
6. Hat man auch mit anderen Tieren, außer mit Hunden und Pferden, gute Erfahrungen in der tiergestützten Therapie gemacht?
   Ja, besonders mit Alpacas oder Lamas. Sie sind von ihrem Wesen her sehr gut geeignet, da sie zurückhaltend, aber neugierig und freundlich sind. Außerdem sind sie exotisch genug, sodass noch niemand schlechte Erfahrungen mit ihnen gemacht hat.
7. Was halten Sie von der TGT mit Delfinen? Was sind die Kritikpunkte dabei?
   Wenn die Tiere in einem Becken gehalten werden, ist das natürlich nicht artgerecht und führt zu Stress bei den Tieren, die dann durchaus aggressiv reagieren und gefährlich werden können. Allerdings gibt es Erfolge bei dem Therapieansatz, wo die Tiere in abgetrennten Meeresbuchten gehalten werden.
8. Kann man also sagen, dass manche Tiere geradezu magische Heilkräfte besitzen?
   Nein, sicherlich nicht. Doch der Mensch hat eine tiefsitzende Affinität zur Natur, und diese existenzielle Qualität, die das Zusammensein mit Tieren hat, kann von erfahrenen Therapierenden sehr sinnvoll genutzt werden.

B2 In Quarantäne

▶ 8 **2 a) Der Podcast „Medizin im Spiegel der Vergangenheit" von Sandra Yildirim bezieht sich auf Ereignisse in der Geschichte der Menschheit und will so dazu anregen, über aktuelles Geschehen auch aus einer anderen Perspektive nachzudenken und nachzulesen. Hören Sie und kreuzen Sie die Aussagen an, die mit dem Podcast übereinstimmen.**

1. In einem Land werden aufgrund einer Pandemie Gesetze erlassen, die Warenaustausch fast unmöglich machen. ☒
2. Vereinzelt kursieren Gerüchte, dass bereits viele Menschen gestorben seien. ☐
3. Der Artikel eines Universitätsdozenten beschreibt eine aktuelle Situation. ☐
4. Im Jahre 1720/21 gelang es der englischen Regierung angesichts des verheerenden Pestausbruchs von 1665, ein Überspringen der Pest vom französischen Festland zu verhindern. ☐
5. Gegen Influenza-Viren hilft es, Kontakte zu unterbinden; ein Vorgehen, das gegen die Epidemien der Vergangenheit nicht geholfen hat. ☐
6. Im heutigen Dubrovnik wurde im Mittelalter die erste Quarantäne durchgeführt, indem Handelsschiffe erst nach 30 Tagen Wartezeit im Hafen anlegen durften, wenn die Besatzung keine Krankheitssymptome aufwies. ☐
7. Wer die Quarantänebestimmungen nicht befolgte, musste mancherorts mit drastischen Strafen rechnen. ☐
8. Für eine Regierung ist es schwer zu entscheiden, wer die Schuld am Ausbruch einer Epidemie hat. ☐
9. Regierungsentscheidungen stehen in Zeiten von Pandemien in der Kritik vieler verschiedener Interessensgruppen. ☐

10. In schwierigen und existenziell bedrohlichen Zeiten konzentriert sich der Hass der Menschen oft auf gesellschaftliche Randgruppen, denen die Schuld an der so schwer erträglichen Situation gegeben wird. ☐
11. Nach dem Ausbruch einer Pandemie werden schnell Gerüchte verbreitet, dass hinter dieser eine elitäre Gruppe von Menschen steckt, weil sie die Menschheit unter Kontrolle bringen und eine Weltherrschaft errichten will. ☐
12. Heutzutage ist der medizinische Standard in der ganzen Welt so weit fortgeschritten, dass eine Pandemie nicht mehr gefährlich ist. ☐
13. Wenn ein Virus oder Bakterium auf Menschen trifft, die keine Abwehrkräfte dagegen haben, kann es zu massenhaften Krankheits- und sogar Todesfällen kommen. ☐
14. Bei sogenannten Zoonosen springt der Erreger vom Tier auf den Menschen über. ☐
15. Herdenimmunität herrscht dann, wenn ein bestimmter Prozentsatz der Bevölkerung entweder durch überstandene Krankheit oder durch Impfung immun geworden ist. ☐
16. Wenn eine Krankheit schon bekannt ist, wie zum Beispiel die Masern, braucht man nicht mehr dagegen zu impfen. ☐
17. Das Tragen einer Maske wird von einigen Leuten verweigert, weil sie mit den einschränkenden Maßnahmen nicht einverstanden sind. ☐

▶ 8 **2 b) Hören Sie den Podcast noch einmal und konzentrieren Sie sich auf die Bedeutung bestimmter Wörter und Wendungen, indem Sie die folgenden Sätze korrekt ergänzen. Dies kann wörtlich oder als Umschreibung erfolgen.**

1. Das Thema des Podcasts ist in Epidemiezeiten in – und vor – *aller Munde.* ____________________

   ____

2. Eine Regierung ergreift Maßnahmen, die fast den gesamten Handel ____________________

   ____

3. Um Ansteckung zu verhindern, scheint es das einzig rational vertretbare Mittel zu sein, sämtliche Kontakte ____________________

   ____

4. Sofort werden jedoch von einzelnen Leuten Gerüchte ____________________

   ____

5. Im London von 1720 war die Erinnerung an den letzten großen Pestausbruch noch

____

6. Zum ersten Mal in der Geschichte wurde Isolation im Jahre 1377 bewusst ________

____

7. Jahre zuvor waren noch ganze Landstriche abgeriegelt und Städte geschlossen worden, um ____

____

8. Wer 1468 in Venedig die Quarantänestationen unerlaubt verließ, ______________

____

9. Im Zuge der Durchsetzung solcher einschränkenden Maßnahmen finden sich immer wieder Personenkreise, ______________________________________

____

10. Im Beispiel von 1720 gab es wie auch heute oppositionelle Regierungskräfte, die es für zu riskant hielten, ______________________________________

____

11. So eine beängstigende und existenzgefährdende Situation lässt sich von bestimmten Gruppen oder einzelnen Personen ______________________________

____

12. Beim Ausbruch der Pest im Mittelalter kam es zu Judenpogromen trotz des vom Papst erlassenen Verbots, ______________________________________

____

13. Oft wird auch bestimmten Eliten misstraut und ihnen üble Machenschaften unterstellt, von ökonomischen Interessen bis zur ______________________________

____

14. Aktionen gegen mutmaßlich ausgemachte Bösewichte durchzuführen bedeutet,

____

15. Höchst gefährlich ist es, wenn ein Krankheitserreger _______________

____

16. Um eine Herdenimmunität aufrechtzuerhalten, braucht es je nach Ansteckungsintensität der Krankheit _______________

____

17. Das Individuum erlaubt durch das Tragen der Maske ein Verschwinden _______________

____

18. Die sichtbare Maske im Gesicht ist wie ein Eingeständnis, _______________

____

2 c) Ergänzen Sie die passenden Verben aus dem Podcast.

bringen • hissen • einsetzen • errichten • herhalten • werden • ~~sein~~ • fordern • bestrafen • verbreiten • stützen • sein • brechen • verstoßen • führen • fühlen

1. in aller Munde
sein
2. zum Erliegen
____
3. Gerüchte
____
4. eine Diktatur
____
5. das Mittel der Wahl
____
6. etw. als Mittel im Kampf
____
7. Opfer
____
8. gegen Regeln
____
9. einer Sache Herr
____
10. jdn. mit dem Tode
____
11. Maßnahmen auf Aussagen
____
12. zu Erfolgen
____
13. sich Bahn
____
14. für etw. als Sündenbock
____
15. sich als Herr der Lage
____
16. eine Flagge
____

▶ 8 **2 d) Jetzt sind Sie dran. Hören Sie den Podcast noch einmal und notieren Sie dabei in Stichworten die wichtigsten Informationen zu den einzelnen Fragen. Beantworten Sie dann die Fragen mündlich im Sinne der Moderatorin und des Medizinhistorikers.**

1. Wie versuchen Regierungen seit alters her, Epidemien oder Pandemien unter Kontrolle zu bringen und weitere Ansteckung zu verhindern?

Hygienevorschriften, ______

______

______

______

______

______

______

2. Welcher Kritik sind sie immer ausgesetzt?

______

______

______

______

______

______

______

3. Warum können uns Seuchen auch heute noch gefährlich werden, obwohl die Medizin einen sehr hohen Standard erreicht hat?

______

______

______

______

______

______

2 a) Text und Lösung

Podcast-Moderatorin:

Guten Abend, liebe Zuhörerinnen und Zuhörer! Ich begrüße Sie herzlich zu einer weiteren Folge meines Podcasts „Medizin im Spiegel der Vergangenheit". Heute wollen wir uns mit einem Thema befassen, das in Zeiten von Epidemien in – tja, eigentlich auch vor – aller Munde ist. Doch lassen Sie mich erst einmal eine dramatische Situation schildern, wie sie erst kürzlich von einem Dozenten an der hiesigen Universität beschrieben wurde: Eine Regierung beschließt auf den Rat von Experten hin schier unerträglich harte, für manche Existenz bedrohende Maßnahmen, die fast den gesamten Handel zum Erliegen bringen. Grund dafür ist eine sich immer weiter ausbreitende Pandemie, die in den Nachbarländern bereits zu bedrohlichen Opferzahlen geführt hat. Um Ansteckungen zu verhindern, scheint es das einzig rational vertretbare Mittel zu sein, sämtliche Kontakte zu unterbinden. Sofort werden jedoch von einzelnen Leuten Gerüchte verbreitet: Geplant sei, das Militär im Inneren einzusetzen, Kranke zwangsweise zu internieren, sie ohne Rücksicht auf familiäre Bindungen von den Gesunden zu trennen und alle Freiheiten des Einzelnen einzuschränken – kurz: eine Diktatur zu errichten. Kommt Ihnen das bekannt vor? Respekt, dann kennen Sie sich wirklich gut aus in der Geschichte Europas! Hier werden nämlich Vorkommnisse aus dem Jahre 1720/21 geschildert, als in der Stadt Marseille die Pest ausgebrochen war und die Regierung Englands voller Sorge die eigene Landesbevölkerung zu schützen versuchte. In London war nämlich die Erinnerung an den letzten großen Pestausbruch 1665, dem etwa 70 000 Menschen zum Opfer fielen, noch sehr lebendig. Dieses Mal blieb die Stadt jedoch verschont. Damals, wie heute: Das Mittel der Wahl ist, die Menschen voneinander zu trennen, um dem Krankheitsauslöser nicht ständig neue Nahrung zu geben, sei es die Pest, Cholera, Typhus oder Pocken, die bekanntesten Geiseln der Vergangenheit, oder Ebola, Spanische Grippe, SARS oder COVID, um einige Schreckgespenster der heutigen Zeit zu nennen. Hygienevorschriften, Mundschutz und Kontaktbeschränkungen sind dann oft das Einzige, was zur Bekämpfung der Seuche zur Verfügung steht. Zum ersten Mal in der Geschichte wurde Isolation im Jahre 1377 bewusst als Mittel im Kampf gegen eine Seuche in Ragusa eingesetzt, dem heutigen Dubrovnik. 1340 war die Beulenpest in Asien ausgebrochen und von Seeleuten nach Europa gebracht worden. Innerhalb von 15 Jahren forderte sie 20 bis 25 Millionen Opfer, ein Drittel der damaligen Bevölkerung Europas. Aufgrund dieser leidvollen Erfahrung durften nun in Ragusa ankommende Schiffe nicht in den Hafen einfahren. 30 Tage wurde die Besatzung auf einer abgelegenen Felseninsel festgehalten, und erst, wenn sie nach diesem Monat keine Krankheitssymptome zeigte, erhielt sie die Erlaubnis, im Hafen anzulegen und ihre Waren zu verkaufen. Wer gegen die Regeln verstieß und in Kontakt zu den Isolierten trat, wurde ebenfalls 30 Tage zu den Pestverdächtigen gesperrt. Jahre zuvor waren noch ganze Landstriche abgeriegelt und ganze Städte geschlossen worden, um einem Ausbruch

der Pest Herr zu werden. Das Wort „Quarantäne" geht auf ein Gesetz von 1383 zurück. Damals wurde in Marseille die Isolationsfrist auf 40 Tage verlängert, um die Bevölkerung vor der Cholera zu schützen. Zunehmend wurde die Isolierung von Einreisenden aus Risikogebieten professionalisiert, Quarantänestationen mit eigener Wasserversorgung und ausgebildetem, streng reglementiertem Pflegepersonal eingerichtet und schließlich, so 1468 in Venedig, auch die Erkrankten von den bloßen Verdachtsfällen getrennt. Wer die Stationen unerlaubt verließ, wurde mit dem Tode bestraft. Schutz und Schikane liegen bei der Durchsetzung derartiger Maßnahmen eng beieinander, deshalb finden sich immer Personenkreise, die aus den verschiedensten Gründen nicht gewillt sind, sich reglementieren zu lassen. So werden Bestimmungen unterwandert, Absperrungen überwunden oder Kontrollbeamte bestochen, wie auch damals 1712 in Hamburg, wo es schließlich aufgrund der ständig umgangenen Bestimmungen zu nahezu 11 000 Pesttoten kam. Über die Auswirkungen, die der Ausbruch einer Epidemie oder Pandemie auf eine Gesellschaft hat, weiß uns der Medizinhistoriker Dr. Paul Rüttgen Interessantes zu berichten. Dankenswerterweise hat er sich bereit erklärt, unseren Podcast durch seinen Beitrag zu bereichern.
Guten Abend, Herr Dr. Rüttgen! Können Sie uns kurz darüber aufklären, mit welchen Problemen sich eine Regierung konfrontiert sieht, wenn eine Epidemie oder gar Pandemie ausbricht?

Dr. Rüttgen:

Guten Abend! Ja, da gibt es einige Probleme, mit denen sich eine Regierung in Pandemiezeiten herumschlagen muss. Zum einen steckt sie in einem Entscheidungskonflikt, wie auch das von Ihnen bereits erwähnte Beispiel aus dem London von 1720 zeigt, auf welche Aussage von Wissenschaftlern sie ihre Maßnahmen stützen soll. Im damaligen Fall war es Richard Mead, der die These der Übertragung von Mensch zu Mensch vertrat, im Gegensatz zur Mehrheit der Mediziner, die die Schuld an der Pest „schlechten Ausdünstungen" zuschob und schlussfolgerte, dass Quarantäne oder Barrieren dagegen nichts helfen würden. Zum anderen sind da natürlich auch immer oppositionelle Regierungskräfte, die es auch damals für zu riskant hielten, die wirtschaftliche Prosperität aufs Spiel zu setzen, und damit argumentierten, dass die Verfassung durch solch freiheitsbeschränkende Maßnahmen gefährdet sei. Generell ist es natürlich so, dass ehrgeizige Politiker und Politikerinnen oder Gruppierungen aus dem Volk ihre Stunde kommen sehen, wenn sich zeigen sollte, dass die getroffenen Entscheidungen der Regierung nicht oder nur langsam zum Erfolg führen oder als völlig übertrieben beurteilt werden. Dann werden Gerüchte gestreut über überbordende Gewaltmaßnahmen des Staates, die angeblich ein Willkürregime ankündigen. Kurz, solch eine beängstigende und existenzgefährdende Situation, die ausnahmslos alle angeht, weil eine Krankheit ja jeden treffen kann, lässt sich von bestimmten Gruppen oder einzelnen Personen sehr leicht für eigene Ziele instrumentalisieren. Hier prallen einerseits die individuellen Prioritäten der Menschen aufeinander, andererseits bietet die Situation auch ein Ventil für schon bestehende oppositionelle Strömungen, gärenden Hass oder Aggression bestimmten Gruppen gegenüber. Es ist für Populisten ein Leichtes, bei dieser Gelegenheit die Massen in die eine oder andere Richtung zu mobilisieren. Mal sind es Hexen, Ketzer oder andere Randgruppen, die als Sündenböcke herhalten müssen, mal – wie auch beim Ausbruch der Pest im Mittelalter – die Juden, denen unterstellt wurde, dass sie die Brunnen vergiftet und somit die Krankheit verursacht hätten. Es kam zu Judenpogromen überall in Europa mit Tausenden Toten, trotz des von Papst Clemens VI. erlassenen Verbots, Juden ohne Gerichtsverfahren hinzurichten. In anderen Zeiten sind es bestimmte Eliten, denen misstraut wird und denen üble Machenschaften unterstellt werden, von ökonomischen Interessen bis zur Errichtung einer Weltherrschaft. Eine Erklärung finden zu wollen für eine leidvolle Situation, dem schwer erträglichen Gefühl der Ohnmacht entkommen zu wollen, das sind Gründe für diese Kanalisierung aller Emotionen auf eine Gruppe, mit der man die Schuldigen ausgemacht zu haben meint. Aktionen gegen diese mutmaßlich ausgemachten Bösewichte durchzuführen bedeutet, ein Ventil für Hass und Verzweiflung zu finden, sich wieder als Herr der Lage zu fühlen und vermeintlich wieder die Kontrolle über das eigene Leben zurückzuerlangen.

Podcast-Moderatorin:

Im Laufe der Geschichte suchten die verschiedensten Seuchen die Menschheit heim. Als „Ausbruch" wird das Auftreten einiger Fälle beschrieben, als „Epidemie" eine regionale oder auf einige Länder beschränkte Ansteckungswelle und als „Pandemie" eine Krankheitswelle, die sich über einen oder gar mehrere Kontinente erstreckt. Wie kann es sein, dass es bis heute zu Pandemien kommt, trotz unseres hohen medizinischen Standards? Kann uns denn eine Influenza, oder landläufig Grippe, überhaupt noch gefährlich werden?

Dr. Rüttgen:

Denkt man nur an die Spanische Grippe, die zwischen 1918 und 1920 wütete und weltweit zwischen 20 und 50 Millionen Menschenleben forderte, muss man diese Frage mit einem klaren Ja beantworten. Höchst gefährlich ist es, wenn ein Krankheitserreger auf eine nicht immunisierte Population überspringt, er also für den betroffenen Körper neu ist und zusätzlich die Qualität einer hohen Ansteckungsrate mitbringt. In der Regel existieren dann noch keine Medikation und erst recht keine Impfung. Das war zum Beispiel der Fall bei der spanischen Eroberung des Aztekenreichs, durch die etwa 90 Prozent der Bevölkerung starben, viele durch die eingeschleppten Krankheiten. Das ist auch dann jedes Mal der Fall, wenn ein Virus oder Bakterium dergestalt mutiert, dass es von einem Tier auf den Menschen überspringt, wie bei Ebola, bei AIDS, bei der Spanischen Grippe, bei SARS oder bei SARS-CoV-2, allesamt Viren zoonotischen Ursprungs, das heißt, vom Tier auf den Menschen übertragen. Allerdings kommt es auch zu erneuten Ausbrüchen bekannter, sozusagen bereits überstandener Ausbrüche, bei denen sich bereits eine Herdenimmunität bilden konnte, wenn durch den demografischen Wandel die prozentuale Anzahl immunisierter Bevölkerungsteile nachlässt oder wenn mit Impfungen nachlässig umgegangen wird. Um auch Personen zu schützen, die nicht geimpft werden können, braucht es je nach Ansteckungsintensität der Krankheit eine entsprechende Impfrate. Beispielsweise benötigen Masern, um nachhaltig unterdrückt werden zu können, eine Impfrate von 95 Prozent, Hepatitis B von 70 Prozent. Nach größeren Epidemien können aus den vorher genannten Gründen erst einmal nur Kleinkinder befallen werden, weshalb Masern lange Zeit fälschlicherweise als Kinderkrankheit wahrgenommen wurden. Dank großangelegter Impfkampagnen gelten heutzutage die Pocken, Diphterie und Kinderlähmung, in vielen Teilen der Welt auch die Masern, als ausgerottet. Dennoch braucht es eine anhaltende Impfwilligkeit, um diesen Zustand aufrechtzuerhalten.

Podcast-Moderatorin:

Herzlichen Dank für Ihren Beitrag, Herr Dr. Rüttgen. Sie erinnern sich bestimmt, liebe Hörerinnen und Hörer, dass ich eingangs davon gesprochen habe, wie sehr dieses Thema in Zeiten bestimmter Epidemien in und auch „vor" aller Munde ist. Nun, auf diesen Punkt möchte ich abschließend noch eingehen. Wie eine Historikerin es einmal so treffend ausdrückte, dokumentieren die Masken in den Gesichtern die Seuche förmlich wie eine gehisste Flagge. Damit geht die Anerkennung des herrschenden Ausnahmezustands einher, verbunden mit der Akzeptanz aller einschränkenden und unbequemen Maßnahmen. Das Individuum erlaubt ein Verschwinden hinter einem größeren Ziel, nämlich dem Schutz des Kollektivs. Das mag die mitunter unverständlich erscheinende Verweigerung des Maskentragens etwas plausibler machen, denn manifestiert sich darin doch nicht nur die soziale Trennung, sondern auch das Eingeständnis, dass eine Pandemie herrscht. Heute wie damals kommt manchen das Ignorieren der Realität zupass. Nun wünsche ich Ihnen einen angenehmen Abend, bis zum nächsten Mal und bleiben Sie gesund!

Folgende Sätze stimmen mit dem Podcast überein: 4, 6, 7, 9, 10, 13, 14, 15, 17

2 b) Lösung

2. Eine Regierung ergreift Maßnahmen, die fast den gesamten Handel *zum Erliegen bringen.*
3. Um Ansteckung zu verhindern, scheint es das einzig rational vertretbare Mittel zu sein, sämtliche Kontakte *zu unterbinden / zu verbieten.*
4. Sofort werden jedoch von einzelnen Leuten Gerüchte *verbreitet / gestreut / in Umlauf gebracht.*

5. Im London von 1720 war die Erinnerung an den letzten großen Pestausbruch noch *sehr lebendig / vorhanden / in den Köpfen.*
6. Zum ersten Mal in der Geschichte wurde Isolation im Jahre 1377 bewusst *als Mittel (im Kampf) gegen eine Seuche eingesetzt / verwendet.*
7. Jahre zuvor waren noch ganze Landstriche abgeriegelt und Städte geschlossen worden, um *einem Ausbruch der Pest Herr zu werden / die Pest zu bekämpfen / eine Ausbreitung der Pest zu verhindern etc.*
8. Wer 1468 in Venedig die Quarantänestationen unerlaubt verließ, *wurde mit dem Tode bestraft.*
9. Im Zuge der Durchsetzung solcher einschränkenden Maßnahmen finden sich immer wieder Personenkreise, *die nicht gewillt sind, sich reglementieren zu lassen. / die den Anweisungen nicht folgen wollen etc.*
10. Im Beispiel von 1720 gab es wie auch heute oppositionelle Regierungskräfte, die es für zu riskant hielten, *die wirtschaftliche Prosperität aufs Spiel zu setzen. / die Wirtschaft des Landes zu gefährden etc.*
11. So eine beängstigende und existenzgefährdende Situation lässt sich von bestimmten Gruppen oder einzelnen Personen *sehr leicht für eigene Ziele instrumentalisieren.*
12. Beim Ausbruch der Pest im Mittelalter kam es zu Judenpogromen trotz des vom Papst erlassenen Verbots, *Juden ohne Gerichtsverfahren hinzurichten.*
13. Oft wird auch bestimmten Eliten misstraut und ihnen üble Machenschaften unterstellt, von ökonomischen Interessen bis zur *Errichtung einer Weltherrschaft.*
14. Aktionen gegen mutmaßlich ausgemachte Bösewichte durchzuführen bedeutet, *ein Ventil für Hass und Verzweiflung zu finden, sich wieder als Herr der Lage zu fühlen und wieder die Kontrolle über das eigene Leben zurückzuerlangen.*
15. Höchst gefährlich ist es, wenn ein Krankheitserreger *auf eine nicht immunisierte Population überspringt.*
16. Um eine Herdenimmunität aufrechtzuerhalten, braucht es je nach Ansteckungsintensität der Krankheit *eine entsprechende Impfrate.*
17. Das Individuum erlaubt durch das Tragen der Maske ein Verschwinden *hinter einem größeren Ziel, nämlich dem Schutz des Kollektivs.*
18. Die sichtbare Maske im Gesicht ist wie ein Eingeständnis, *dass eine Pandemie herrscht / dass man die Realität anerkennt.*

2 c) Lösung

2. zum Erliegen *bringen*
3. Gerüchte *verbreiten*
4. eine Diktatur *errichten*
5. das Mittel der Wahl *sein*
6. als Mittel im Kampf *einsetzen*
7. Opfer *fordern*
8. gegen Regeln *verstoßen*
9. einer Sache Herr *werden*
10. jdn. mit dem Tode *bestrafen*
11. Maßnahmen auf Aussagen *stützen*
12. zu Erfolgen *führen*
13. sich Bahn *brechen*
14. für etw. als Sündenbock *herhalten*
15. sich als Herr der Lage *fühlen*
16. eine Flagge *hissen*

▶ 9 **2 d) Beispielhafte Lösung**

1. *Bereits bei den Seuchen in der Vergangenheit baute man hauptsächlich auf Kontaktbeschränkungen. Anfangs wurden noch, besonders in Zusammenhang mit der Pest, ganze Landstriche abgeriegelt und Städte geschlossen, später setzte man auf gezielte Quarantäne. Auch wurden, damals wie heute, Hygienevorschriften erlassen, Mundschutz angeordnet und ganze Quarantänestationen errichtet. Wenn jemand die Regeln nicht befolgte, musste er mit Bestrafung rechnen, im Mittelalter sogar zeitweise mit der Todesstrafe.*

2. *Kritisiert wird, wenn die Maßnahmen als unerträglich hart und existenzbedrohlich wahrgenommen werden und wenn sie den gesamten Handel zum Erliegen bringen. Da meist unterschiedliche wissenschaftliche Positionen eine Rolle spielen, gibt es von den Anhängern der einen Lehrmeinung Kritik, dass sich die Regierung auf die Empfehlungen der anderen stützt. Auch werden Gerüchte gestreut, die Maßnahmen würden nichts nützen, es solle ein Willkürregime errichtet werden, die wirtschaftliche Prosperität werde aufs Spiel gesetzt oder es handele sich nur um die ökonomischen Interessen einer Elite, die die Weltherrschaft errichten wolle, bzw. um politische Interessen.*

3. *Es gibt immer wieder Krankheitserreger mit hoher Ansteckungsrate, die auf eine nicht immunisierte Population treffen. Dies kann dadurch geschehen, dass ein Erreger, der zu einer Epidemie und einer entsprechend hohen Zahl an Krankheitsfällen geführt hatte, wieder gefährlich wird, weil jüngere Generationen keine Immunität mehr mitbringen und somit durch den demografischen Wandel die Herdenimmunität insgesamt nachlässt. Zu demselben Effekt kommt es, wenn sich immer weniger Menschen impfen lassen. Allerdings gibt es auch immer wieder den Fall, dass unbekannte Erreger vom Tier auf den Menschen überspringen und gegen diese noch keinerlei Immunität herrscht bzw. oft auch keine Medikation und noch keine Impfmöglichkeit besteht.*

B3 Glaubenskriege um Heilung

▶ 10 **3 a) Bernadette und Wolfgang, die sich aus dem Studium kennen, treffen sich zufällig auf der Straße, nachdem sie sich aus den Augen verloren und jahrelang nicht gesehen hatten. Spontan gehen sie in ein Café, um sich auszutauschen, wie es ihnen in der Zwischenzeit so ergangen ist. Nach einer Weile kommen sie auf ein etwas kontroverses Thema. Hören Sie den Text einmal und kreuzen Sie an: Was sagt Bernadette, was sagt Wolfgang, was sagt keiner? Es können auch mehrere Lösungen richtig sein.**

	Bernadette	Wolfgang	keiner
1. Um die Gesundheit der Mutter steht es nicht zum Besten.	☐	☒	☐
2. Wenn es nicht zu indiskret ist, wüsste ich gern mehr.	☐	☐	☐
3. Als das Geschwür entfernt wurde, fand man heraus, dass es Krebs ist.	☐	☐	☐
4. Chemotherapie ist belastend und qualvoll.	☐	☐	☐
5. Der behandelnde Onkologe möchte für eine Operation keine Verantwortung übernehmen.	☐	☐	☐
6. Wenn ein Arzt seine Methode für richtig hält, will er natürlich nichts anderes ausprobieren.	☐	☐	☐
7. Es ist erschreckend, dass die Nebenwirkungen von Arzneimitteln laut einer Studie zu den häufigsten Todesursachen zählen.	☐	☐	☐
8. Wesentlich ist es, das Immunsystem eines Menschen zu unterstützen.	☐	☐	☐
9. Ein ganzheitlicher Behandlungsansatz wird in der Schulmedizin nicht geleistet.	☐	☐	☐

	Bernadette	Wolfgang	keiner
10. Die Vertreter der alternativen Heilmethoden sind Scharlatane.	☐	☐	☐
11. Unser Gesundheitssystem lässt eine zeitintensivere Behandlungsmethode nicht zu.	☐	☐	☐
12. Naturheilkundliche Arzneimittel werden heutzutage auch von manchen Allgemeinmedizinern verschrieben.	☐	☐	☐
13. Möglicherweise nehmen einige Schulmediziner Aspekte der TCM in ihr Behandlungskonzept mit auf, auch wenn sie nicht von deren Wirksamkeit überzeugt sind.	☐	☐	☐
14. Die Ausschüttung von Glückshormonen bei der Einnahme von Placebos ist ein Beleg für den sogenannten Placebo-Effekt.	☐	☐	☐
15. Placebos helfen mitunter, weil die Therapeuten auf positive Ergebnisse hoffen.	☐	☐	☐
16. Einige der ganzheitlichen Heilverfahren zielen darauf ab, durch eine gesunde Lebensweise gar nicht erst Krankheiten aufkommen zu lassen.	☐	☐	☐
17. Der Placebo-Effekt lässt sich auch bei der Behandlung von Tieren mit homöopathischen Arzneimitteln nachweisen.	☐	☐	☐
18. Es muss ein Selbstbestimmungsrecht dafür geben, welche Behandlungsmethode man wählt.	☐	☐	☐
19. Zu Schulmedizinern, die sich mehr Zeit für eine Behandlung nehmen können, würde vielleicht mancher Patient mehr Vertrauen aufbauen.	☐	☐	☐
20. Man sollte die Grenzen alternativer Heilverfahren kennen und wissen, wann schulmedizinische Methoden angebracht sind.	☐	☐	☐

3 b) Welche Worterklärungen oder Synonyme passen? Ordnen Sie zu.

1. Schilddrüse
2. Gewebeprobe
3. Scharlatan
4. Onkologe
5. Magengeschwür
6. Quacksalber

___ a) eine heilkundige alte Frau

___ b) geistig-seelische Beeinflussung eines Menschen mit dem Ziel, ihn etwas empfinden oder glauben zu lassen

1. c) kleines Organ am Hals, das Hormone produziert

___ d) jmd., der ohne Qualifikation und Wissen Krankheiten zu heilen versucht

___ e) eine Person, die bestimmtes Wissen oder Fähigkeiten nur vortäuscht

7. Kräuterweiblein
8. Sud
9. Placebo-Effekt
10. Konditionierung
11. Endorphine
12. Suggestion
13. Bachblüten-Therapie

___ f) eine Flüssigkeit, die durch Auskochen entsteht
___ g) Ansammlung von Zellen, die aus einem Organismus zur Bestimmung von Krankheiten entnommen wird
___ h) Glückshormone
___ i) therapeutische Wirkung durch eine Behandlung, die ohne Wirkstoff erfolgt
___ j) ein auf Krebserkrankungen spezialisierter Arzt
___ k) Heilung mittels Blütenessenzen
___ l) Lernen durch Reiz-Reaktions-Muster
___ m) Defekt in der Magenschleimhaut

3 c) Jetzt sind Sie dran. Beteiligen Sie sich an der Diskussion und antworten Sie unter Berücksichtigung der vorgegebenen Stichpunkte auf das Argument Ihres Gesprächspartners (GP). Benutzen Sie passende Redemittel der Meinungsäußerung, der Zustimmung und des Widerspruchs.

1. Arzt überzeugt von seiner Behandlungsmethode, keine Bereitschaft zu Experimenten
2. Zwar erschreckendes Studienergebnis, aber Alternativmedizin nur Erfahrungswerte, keine Wirksamkeitsnachweise
3. Aussage zu kategorisch, Gesundheitssystem bietet keinen Raum für ganzheitliche Untersuchungen
4. weniger aus Überzeugung als aus Gründen wachsender Nachfrage
5. überzeugt von der Existenz des Placebo-Effekts, Grund: Anwendung von Heilmitteln führt zur Ausschüttung von Endorphinen, Hoffnung der Patienten auf Heilerfolg
6. Selbstbestimmung über Behandlungsmethode
7. alternative Therapeuten sollten ihre Grenzen akzeptieren

3 a) Text und Lösung

Bernadette: Und deine Eltern? Wie geht es Ihnen?
Wolfgang: Mein Vater ist fit wie eh und je, aber meine Mutter hat seit einiger Zeit gesundheitliche Probleme ...
Bernadette: Oh, das tut mir leid! Darf ich fragen, was los ist?
Wolfgang: Vor zwei Monaten wurde ein Tumor an ihrer Schilddrüse entdeckt, und die Gewebeprobe ergab leider, dass er bösartig war. Allerdings scheint er zum Glück noch nicht gestreut zu haben.
Bernadette: Ach je, immer dieser vermaledeite Krebs. Und, musste sie sich einer Operation unterziehen? Bekommt sie Chemotherapie?
Wolfgang: Nein, das will meine Mutter nicht. Sie meint, bei einer Operation bestehe ja doch die Gefahr, dass der Tumor noch während der OP streut und die Krankheit sich erst recht ausbreitet. Und die Chemotherapie ist halt meist

eine ziemlich üble Quälerei. Sie hat vor Kurzem einen Therapeuten aufgetan, der mit seinen alternativen Behandlungsmethoden bereits vielversprechende Erfolge erzielt haben soll.

Bernadette: Meine Güte, da muss sie aber aufpassen! Auf dem Gebiet treiben schon einige Scharlatane ihr Unwesen. Hat sie denn keinen vertrauenswürdigen Onkologen gefunden?

Wolfgang: Na ja, was heißt schon vertrauenswürdig. Er vertritt halt die Meinung, sie müsse sich möglichst bald operieren lassen und ist leider auf beiden Ohren taub, wenn es um alternative Heilmethoden geht. In diesem Fall, meint er, lehne er jegliche Verantwortung ab.

Bernadette: Das kann ich persönlich aber auch nachvollziehen: Wenn er von seiner Behandlungsmethode überzeugt ist und auf dem Stand der aktuellen Forschung behandelt, wäre es aus seiner Sicht sicher widersinnig, sich auf Experimente einzulassen.

Wolfgang: Aber die Furcht vor Nebenwirkungen all dieser chemischen Medikamente ist real. Ich habe vor Kurzem eine Studie gelesen, dass in den USA die tödlichen Nebenwirkungen von Arzneimitteln nach Herz-Kreislauf-Erkrankungen, Krebs und Schlaganfall auf Platz vier der häufigsten Todesursachen rangieren. Kein Wunder, dass das Vertrauen in die herkömmliche Medizin bei manchen Patienten nicht so groß ist!

Bernadette: Das ist sicher erschreckend. Doch andererseits ist es auch nicht besonders vertrauenerweckend, sein Leben einer Methode anzuvertrauen, die weitestgehend auf Erfahrungswerten beruht und über die es wenig Wirksamkeitsnachweise gibt, wie sie von jedem Medikament und jeder Behandlungsmethode der Schulmedizin verlangt werden, bevor sie zur Anwendung kommen.

Wolfgang: Findest du nicht, dass es eher ausschlaggebend ist, den Körper in die Lage zu versetzen, seine Selbstheilungskräfte aktivieren zu können? Dazu ist es notwendig, den ganzen Menschen anzuschauen. Und sei mal ehrlich: Passiert das heutzutage noch? Da bist du im Krankenhaus „das Knie" oder „das Magengeschwür", aber was die Ursache deiner Krankheit ist, was für ein Typus Mensch du bist, wie es dir seelisch geht – das alles interessiert doch niemanden.

Bernadette: Das klingt mir zu kategorisch. Ich würde nicht sagen, dass es niemanden interessiert, sondern eher, dass unser Gesundheitssystem wenig Raum dafür lässt. Schau dir doch an, wie eng getaktet die Ärzte und Ärztinnen arbeiten müssen. Mehr als zehn Minuten für ein Patientengespräch sind da häufig nicht drin. Und mehr können sie auch nicht abrechnen. Während in der alternativen Medizin, soweit ich weiß, ein- bis zweistündige Anamnesegespräche geführt und bereitwillig vom Patienten bezahlt werden, und zwar privat!

Wolfgang: Da kannst du mal sehen, wie groß bei vielen die Verzweiflung ist.

Bernadette: Oder wie geschickt die Heilsversprechen mancher Quacksalber! Nein, im Ernst. Weißt du, ich denke, dass dieser Punkt, wie intensiv sich jemand dem Patienten widmet, den größten Unterschied macht. Die Psyche spielt doch nachgewiesenermaßen bei vielen Krankheiten eine wichtige Rolle. Ich persönlich stehe auf dem Standpunkt, dass wir in der heutigen Zeit keine wie auch immer gearteten Heilverfahren bräuchten, wenn entsprechende Rahmenbedingungen für die praktizierenden Ärztinnen und Ärzte geschaffen würden. Dann könnten sie sich auf dem wissenschaftlichen Stand unserer Zeit ausführlich mit ihren Patienten befassen und all das leisten, was von den ganzen alternativen Heilmethoden aufgefangen wird.

Wolfgang: Im Grunde halte ich das auch für wesentlich, allerdings sprichst du damit sämtlichen nicht-schulmedizinischen Behandlungsmethoden ihre Daseinsberechtigung ab. Schau mal, ...

Bernadette: Dann nenn mir mal eine, die ernst zu nehmen ist!

Wolfgang: Wollte ich gerade: Allein die Phytomedizin, die auf die Heilkraft der Pflanzen baut – da steht eine jahrhundertealte Tradition dahinter, und das sind nicht nur die Kräuterweiblein, die ihren Kranken einen grässlichen Sud einflößten oder irgendwelche Blätter auf Wunden legten, sondern das sind auch naturheilkundliche Medikamente, die sogar von Schulmedizinern eingesetzt werden! Oder TCM, die Traditionelle Chinesische Medizin, mit der Akupunktur – ist dir nicht aufgefallen, dass inzwischen auch Allgemeinmediziner derartige Behandlungsmethoden anbieten und sich fortbilden lassen? Doch bestimmt nicht gegen ihre Überzeugung!

Bernadette: Aber vielleicht, um einer ständig wachsenden Nachfrage gerecht zu werden! Der Trend geht doch eindeutig zu diesen besonderen Therapien, und die Angst vor den Nebenwirkungen synthetischer Arzneimittel und herkömmlicher Behandlungsmethoden wächst.

Wolfgang: Willst du damit sagen, dass Schulmediziner alternative Heilmethoden einsetzen und dabei willentlich den Placebo-Effekt nutzen? Das geht zu weit, denke ich.

Bernadette: Aber es ist doch bekannt, dass der Placebo-Effekt nicht zu unterschätzen ist! Ich habe einmal einen interessanten Artikel darüber gelesen. Angeblich gibt es körperlich nachweisbar eine Art Konditionierung, die dazu führt, dass Endorphine ausgeschüttet werden, sobald ein Heilmittel zur Anwendung kommt. Verstärkt wird diese Wirkung durch die Suggestion der Therapierenden, die den Therapierten in starke Hoffnung auf Heilerfolg versetzen.

Wolfgang: Ich will gar nicht abstreiten, dass derartige Mechanismen auch mitschwingen können. Glaube mag mitunter tatsächlich Berge versetzen. Dennoch ist es mehr als nur das. Nimm zum Beispiel Ayurveda. Diese uralte indische Heilkunst ist in ihrem ganzheitlichen Ansatz geradezu eine Bedienungsanleitung für den menschlichen Körper. Die Ernährung, die

Bewegung, die Lebensweise und sogar die Lebenseinstellung sollen in ein Gleichgewicht gebracht werden, dann ist der Mensch gesund. Oder Sebastian Kneipp – seine Behandlungsmethoden zielen im Grunde auf dasselbe ab, eine Stärkung des Immunsystems und eine Verhinderung von Ursachen für Krankheiten. Klingt das nicht vernünftig?

Bernadette: Natürlich, da muss ich dir recht geben. Wenn wir jetzt über Bachblüten-Therapie oder Homöopathie diskutieren würden, wäre es für mich schon wieder schwieriger.

Wolfgang: Sag das nicht! Ich habe vor Kurzem meine Katze mit Kügelchen gesund gemacht – und die hat deinen Artikel über den Placebo-Effekt nicht gelesen!

Bernadette: Okay, okay. Ich denke, wir können uns darauf einigen, dass ein Streit zwischen „Glaubensrichtungen" eher kontraproduktiv ist. Und schlussendlich sollte ohnehin ein jeder selbst bestimmen dürfen, welchen Weg er für sich und seinen Körper einschlagen möchte.

Wolfgang: Genau, das ist ein ganz wesentlicher Punkt. Schließlich ist es mein Körper, und solange ich nicht mit einer ansteckenden Krankheit andere gefährde, sollte ich selbst entscheiden dürfen, wem ich mein Vertrauen schenke. Und zu wünschen wäre, dass es in Zukunft mehr Mediziner gibt, die auf der Basis von konventionellem medizinischen Wissen sich zugleich auch als „Heiler" verstehen, die sich mit Empathie und Zeit ihrem Patienten widmen. Denn der Mensch ist nun einmal mehr als nur Gliedmaßen und Organe!

Bernadette: Und vergiss nicht, dass die Anwender alternativer Heilmethoden auch ihre Grenzen kennen und rechtzeitig die Hilfe von schulmedizinischem Wissen annehmen sollten! Aber das Wichtigste ist, dass deine Mutter wieder gesund wird!

Wolfgang: Das hoffe ich inständig. Weißt du was? Mit dir zu diskutieren fühlt sich an wie früher! Wir müssen uns unbedingt wieder öfter treffen!

Bernadette: Nichts lieber als das!

Bernadette: 2., 6., 7., 11., 13., 14., 18., 20; Wolfgang: 4., 7., 8., 9., 12., 16., 18., 19; keiner: 3., 5., 10., 15., 17

3 b) Lösung

2.: *g*	5.: *m*	8.: *f*	11.: *h*
3.: *d*	6.: *e*	9.: *i*	12.: *b*
4.: *j*	7.: *a*	10.: *l*	13.: *k*

▶ 11 **3 c) Beispielhafte Lösung**

1. GP: Der Onkologe meiner Mutter lehnt jede Verantwortung ab, wenn sie sich auf alternative Heilmethoden einlässt und sich nicht sofort operieren lässt.

Sie: *Meiner Ansicht nach wäre es auch widersinnig, sich auf Experimente einzulassen, wenn er von seiner Behandlungsmethode überzeugt ist.*

2. GP: Nebenwirkungen von chemischen Medikamenten stehen in den USA auf Platz vier der häufigsten Todesursachen.

Sie: *Ich muss zugeben, dass das erschreckend ist, allerdings halte ich Behandlungsmethoden, die nur auf Erfahrungswerten beruhen und von denen es keine Wirksamkeitsnachweise gibt, auch nicht für vertrauenerweckend.*

3. GP: Das ganzheitliche Bild des Menschen interessiert heute keinen Schulmediziner.

Sie: *Das klingt mir zu kategorisch. Es ist eher das Gesundheitssystem, das keinen Raum für ausführliche Patientengespräche lässt.*

4. GP: Naturheilkunde und Akupunktur werden heute zunehmend auch von Schulmedizinern eingesetzt.

Sie: *Der Grund dafür ist meiner Ansicht nach weniger die Überzeugung als hauptsächlich die wachsende Nachfrage.*

5. GP: Die Wirksamkeit von alternativen Heilmethoden beruht nicht auf dem Placebo-Effekt.

Sie: *Ich bin davon überzeugt, denn bei der Gabe von Heilmitteln wirkt eine Art Konditionierung, die zur Ausschüttung von Endorphinen führt. Außerdem spielt bei den Patienten auch die starke Hoffnung auf den Heilerfolg eine Rolle.*

6. GP: Der Streit zwischen den Glaubensrichtungen der Heilmethoden ist eher kontraproduktiv.

Sie: *Dem stimme ich zu, denn es sollte ein jeder selbst bestimmen können, welchen Weg der Behandlung er wählt.*

7. GP: Es wäre wünschenswert, wenn sich auch Schulmediziner mit mehr Zeit und Empathie ihren Patienten widmen könnten.

Sie: *Allerdings wäre es genauso wichtig, dass Therapeuten, die alternative Behandlungsmethoden anwenden, rechtzeitig ihre Grenzen erkennen.*

C Ernährung

C1 Kochen – das Salz in der Suppe des Lebens

1 a) Welche Erklärung passt? Ordnen Sie zu.

1. etw. ist unumstritten
2. zum Einsatz kommen
3. Tribut zollen
4. etw. in Gang setzen
5. einen Rückschluss ziehen
6. etw. überspitzt formulieren
7. etw. außen vor lassen
8. sich in etw. niederschlagen
9. etw. ist halb durch
10. Einzug halten

a) etw. ermöglichen, ins Laufen bringen
b) hineinkommen, dazukommen
c) etw. nicht beachten
d) etw. ist ganz klar, wird nicht diskutiert
e) etw. übertrieben ausdrücken, aber so nicht ganz ernst meinen
f) genutzt/verwendet werden
g) Respekt erweisen
h) logisch folgern
i) nicht fertig gegart
j) sich in etw. zeigen

1.	2.	3.	4.	5.	6.	7.	8.	9.	10.
d									

▶ 12 **1 b) In einer Radiosendung zum Thema „Kochen und Essen im Wandel der Zeiten“ kommt die Ernährungswissenschaftlerin Dr. Birte Fuchs zu Wort. Hören Sie das Interview und kreuzen Sie die richtige Lösung an.**

1. Eine der ältesten und wichtigsten Kulturtechniken der Menschen
   - ☐ ist seit der Entdeckung des Feuers das Kochen.
   - ☒ ist das Kochen von Nahrung, anfangs mithilfe heißer Quellen.
   - ☐ ist der Umgang mit dem Feuer.

2. Die Evolution des Menschen wurde durch das Kochen von Nahrung beschleunigt,
   - ☐ da die Aufnahme und die Verwertung der Nahrung schneller und leichter war.
   - ☐ da er bei der Zubereitung der Nahrung große Kreativität zeigte.
   - ☐ da er wegen der Rückbildung von Gebiss und Kiefer weniger Nahrung brauchte.

3. Heutzutage kann man von einer degenerierten Ernährungskultur sprechen,
   - ☐ wenn viele die Nahrung mit Fergigprodukten und nebenbei einnehmen.
   - ☐ wenn die Nahrungsaufnahme zum Lifestyle stilisiert wird.
   - ☐ wenn viele Leute sich Kochshows anschauen, um alles nachzukochen.

4. Die soziale Bedeutung von gemeinsam eingenommenen Mahlzeiten
   - ☐ ist in der heutigen Zeit der „Kühlschrank-Kultur“ zu vernachlässigen.
   - ☐ ist immer noch wesentlich, da jede tiefere Beziehung auch ein Teilen der Nahrung beinhaltet.
   - ☐ ist nur während der Kindheit und Jugend maßgeblich.

5. Was in den Küchen zubereitet wird,
   - ☐ ist immer Modeströmungen unterworfen.
   - ☐ muss zu allen Zeiten nicht nur gesund sein, sondern hauptsächlich satt machen.
   - ☐ hängt jeweils von der gesellschaftlichen Realität und den Lebensumständen ab.

6. Vegetarisch und vegan lebende Menschen sind ein Beispiel dafür,
   - ☐ dass die Ernährung immer ein Ausdruck der politischen Überzeugung ist.
   - ☐ dass die Ernährung bei vielen Menschen von ihren jeweiligen moralisch-ethischen Leitsätzen bestimmt wird.
   - ☐ dass alle Gesellschaftsschichten durch ihre Art des Kochens demonstrieren wollen, was sie sich leisten können.

1 c) Gehen Sie in einem kurzen Vortrag von etwa 3 bis 5 Minuten anlässlich eines Seminars zum Thema „Kochen heute" auf die folgenden drei Thesen ein und wägen Sie die unterschiedlichen Standpunkte ab. Orientieren Sie sich in Ihrer Argumentation an dem Interview und ergänzen Sie sie mit eigenen Gedanken oder Beispielen. Kommen Sie am Ende zu einer begründeten Schlussaussage.

1. Kochen ist die wertvollste Kulturtechnik, die wir besitzen, und muss deshalb bewahrt und gepflegt werden.

2. In Zeiten von Nahrungsergänzungsmitteln und Superfood ist der Mensch nicht mehr darauf angewiesen, auf zeitraubende Art und Weise seine Nahrung zuzubereiten.

3. Kochen ist in erster Linie die Vorbereitung auf ein soziales Ereignis, das Einnehmen einer Mahlzeit in Gemeinschaft.

▶ 12 **1 b) Text**

Moderator: Und deshalb wenden wir uns jetzt an die Fachfrau: Frau Dr. Fuchs, wie Sie soeben gehört haben, herrschen die unterschiedlichsten Vorstellungen darüber, wie der Mensch zum Kochen kam. Können Sie uns aufklären?

Dr. Fuchs: Dazu gibt es in der Tat unterschiedliche Theorien. Unumstritten ist jedoch, dass das Kochen zu den ältesten und wichtigsten Kulturtechniken des Menschen zählt. Vermutlich gab es das Abkochen von Nahrung sogar bereits vor der Entdeckung des Feuers, das heißt, vor etwa 1,7 Millionen Jahren. Funde aus einer Schlucht im Norden Tansanias lassen darauf schließen, dass hier Nahrung in 90 Grad heißen Quellen erhitzt wurde – noch ganz ohne Feuer.

Moderator: Und auf wann etwa wird die Entwicklung des Kochens in Europa datiert?

Dr. Fuchs: In der Gegend von Nizza wurden Hütten mit Herdstellen gefunden, die auf ein Alter von 400 000 Jahren geschätzt werden.

Moderator: Wie können wir uns dieses steinzeitliche Kochen vorstellen? Eher ein Grillen von Fleischstücken oder ein Garen in der Asche?

Dr. Fuchs: Nicht nur, denn hier kamen bereits die verschiedensten Gefäße zum Einsatz, natürlich unterschiedlich, je nachdem, was in der betreffenden Region zur Verfügung stand: Schildkrötenpanzer, Muschelschalen, geflochtene Körbe – oder das Kochgut wurde in Erdgruben oder mithilfe heißer

Steine gegart oder in Blätter gewickelt. Gleich ist jedenfalls in allen Regionen der Erde der Einfallsreichtum, wie Fleisch, Früchte, Knollen, Wurzeln und so weiter durch Erhitzen leichter verdaulich gemacht wurden.

Moderator: Dadurch hat sich sicherlich auch das Nahrungsangebot für den Menschen erweitert?

Dr. Fuchs: Ganz richtig. Diverse ungenießbare oder schwer verdauliche Pflanzen oder Tiere konnten durch Erhitzen und Garen essbar gemacht werden. Die sterilisierende Wirkung war von bahnbrechender Bedeutung, und nicht zuletzt hatte es die Konsequenz, dass Nahrungsmittel dadurch länger haltbar gemacht wurden.

Moderator: Kann man sagen, dass die Evolution des Menschen auch durch das Kochen wirklich in Gang gesetzt wurde?

Dr. Fuchs: Gewiss. Wenn man den Menschen mit den Pavianen vergleicht, so verbringen letztere die Hälfte ihrer Wachzeit mit Essen und Verdauen, und die andere Hälfte mit Futtersuche und der Suche nach einem Schlafplatz. Der Mensch hat die ersten beiden existenziellen Anforderungen durch das Erhitzen der Nahrung enorm verkürzt. Es musste wesentlich weniger gekaut werden, was zu einer Rückbildung des Gebisses und des menschlichen Kiefers führte, und die Verdauung benötigte deutlich weniger Energie und Zeit. Gleichzeitig wurden Nährstoffe vom Körper leichter aufgenommen und verwertet. Die gewonnene Zeit konnte auf andere Tätigkeiten verwendet werden. Und schon haben Sie damit den Übergang von der Natur zur menschlichen Kultur.

Moderator: Das ist eindrucksvoll. Könnte man daraus den Rückschluss ziehen, dass der vielbeklagte Verlust an Koch- und Essenskultur, überspitzt formuliert, ein Rückschritt in die Steinzeit ist?

Dr. Fuchs: Dazu ist der Sachverhalt viel zu komplex. Auffällig ist auf jeden Fall eine große Polarität: Wir haben auf der einen Seite einen Boom an Kochshows, Foodblogs, Kochschulen und Genussseminaren, dazu eine Renaissance von Bauern- und Wochenmärkten. In dieser Vielfalt zeigt sich die elementare Bedeutung dieses Themenbereichs auch heute noch: Menschen, die keinen Hunger mehr leiden müssen, stilisieren die Nahrungsaufnahme zum Lifestyle. Gleichzeitig existiert aber auch eine degenerierte Ernährungskultur, die in der Tiefkühlpizza vor dem Fernseher und dem unterwegs verzehrten Fast Food ihren offensichtlichsten Ausdruck findet, aber genauso in der Unzahl an Fertigprodukten oder der allgemeinen Entfremdung vom Nahrungsmittel in seinem ursprünglichen Zustand zu erkennen ist.

Moderator: Richtig, ein beiläufiges Bekämpfen des ärgsten Hungers bestimmt heutzutage häufig den Alltag, was sich auch in der Flut von Müsliriegeln und Energieboostern in den Regalen der Supermärkte niederschlägt. Was soll man davon halten, dass in den Familien die Häufigkeit gemeinsam eingenommener Mahlzeiten zurückgeht? Besonders die traditionelle Mittagsmahlzeit gibt es ja heute fast nur noch am Wochenende, wenn überhaupt. Unter der Woche essen die arbeitenden Elternteile in Kantinen oder eben das berühmte Sandwich zwischendurch, und die Kinder in Kitas oder Schulen.

Dr. Fuchs: Das ehemalige Zentrum der Familie, die Küche, verliert in Zeiten der „Kühlschrank-Kultur", aus dem sich jeder nach Lust, Laune und individueller Zeittaktung bedient, zunehmend an Bedeutung. Dennoch besteht gleichzeitig die Sehnsucht nach dieser vergangenen Zeit, die als heile Welt stilisiert wird. Das Kochen ist zuerst einmal ein Akt der Entschleunigung – denn wenn die Zeit noch so sehr drängt, ein Hühnchen, das nur halb durch ist, wird von jedem verschmäht werden. Dann gehören zur gemeinsamen Mahlzeit in den meisten Familien auch bestimmte Rituale, die eine Rückversicherung auf die Stärke der Gemeinschaft sind, ebenso wie sich in der Art der Mahlzeit die Zugehörigkeit zu einer bestimmten Schicht ausdrückt. Das Teilen der Nahrung hat eine enorme Symbolkraft, eigentlich ist es die Basis einer jeden sozialen Beziehung. Und nicht zuletzt die Zeit zum Zuhören und zum Erzählen. So ein Sonntagsfrühstück im Familienkreis kann schon mal seine drei Stunden dauern. Heute muss es allerdings nicht die Herkunftsfamilie sein. Sie wird mitunter ersetzt durch den Freundeskreis oder anderweitige selbstgewählte Beziehungen.

Moderator: Jeder, der schon einmal eine Mahlzeit alleine eingenommen hat, wird das unterschreiben: Allein schmeckt es nicht halb so gut wie in Gesellschaft.

Dr. Fuchs: Genau. Bereits die erste Nahrung, die ein kleiner Mensch bekommt, nämlich die Muttermilch, ist verbunden mit dem Gefühl von Nähe und Zusammengehörigkeit. Das Essverhalten, das während der Kindheit und Jugend erlernt und verfestigt wird, hat einen prägenden Einfluss auf bleibende Ernährungsmuster, auch wenn später natürlich diverse andere Einflüsse eine ebenso große Rolle spielen.

Moderator: Die wären?

Dr. Fuchs: Nun, zum Beispiel wird in Lebensumständen, die harte körperliche Arbeit erfordern, das Essen logischerweise mehr und fetthaltiger ausfallen, als es Büroangestellte benötigen. In Kriegszeiten geht es darum, einfach nur satt zu werden, während in Zeiten des Wohlstands oftmals Modetrends gebieten, was Einzug hält in die Küchen und was nicht. So lässt zum Beispiel das Schönheitsideal von „Schlank und Fit" nur bestimmte Nahrungsmittel zu, gekocht wird als Trennkost, fett- und zuckerarm. Soll die Küche in erster Linie der Gesundheit dienen, steht die Verwendung von Omega-3-Fettsäuren obenan, es ist von Makro- und Probiotik die Rede. In den letzten Jahren gilt es, den zunehmenden Unverträglichkeiten und Allergien Tribut zu zollen, also wird darauf geachtet, dass beispielsweise gluten- oder laktosefrei gekocht wird.

Moderator: Kann man sagen, dass die Art zu kochen auch eine politische Positionierung darstellt?

Dr. Fuchs: Unbedingt. Waren es früher zum Beispiel erlesene, schwer zu beschaffende und deshalb teure Gerichte, die in den oberen Gesellschaftsschichten unbedingt auf dem Tisch stehen mussten, um zu demonstrieren, dass man es sich leisten kann, so sind es heute in intellektuellen Schichten häufig Trends, die die Konsumenten als umweltbewusst und ökologisch denkende Menschen auszeichnen sollen. Vegetarismus und Veganismus sind die besten Beispiele dafür. Durch den eigenen Konsum der Umwelt und anderen Lebewesen so wenig wie möglich zu schaden ist hier moralisch-ethischer Leitsatz. Und vieles mehr!

Moderator: Diesen letztgenannten Ansatz würde ich jetzt gern in die Diskussion geben und die anderen Teilnehmer und Teilnehmerinnen unserer Gesprächsrunde um ihre Meinung bitten. Frau Mollek, wie stehen Sie zu ...

1 a) Lösung

2.: *f*	5.: *h*	8.: *j*
3.: *g*	6.: *e*	9.. *i*
4.: *a*	7.: *c*	10.: *b*

1 b) Lösung

2. Die Evolution des Menschen wurde durch das Kochen von Nahrung beschleunigt,
   da die Aufnahme und die Verwertung der Nahrung schneller und leichter war.
3. Heutzutage kann man von einer degenerierten Ernährungskultur sprechen,
   wenn bei vielen die Nahrungsaufnahme nur noch in Form von Fertigprodukten und nebenbei stattfindet.
4. Die soziale Bedeutung von gemeinsam eingenommenen Mahlzeiten
   ist immer noch wesentlich, da jede tiefere Beziehung auch ein Teilen der Nahrung beinhaltet.
5. Was in den Küchen zubereitet wird,
   hängt jeweils von der gesellschaftlichen Realität und den Lebensumständen ab.
6. Vegetarisch und vegan lebende Menschen sind ein Beispiel dafür,
   dass die Ernährung bei vielen Menschen von ihren jeweiligen moralisch-ethischen Leitsätzen bestimmt wird.

▶ 13 **1 c) Beispielhafte Lösung**

Sehr geehrte Damen und Herren, ich darf Sie herzlich zu meinem Kurzvortrag zum Thema „Kochen heute" begrüßen.

Das Kochen hat sozusagen den Startschuss gegeben zu der beeindruckenden Evolution des Menschen. Anscheinend wurde bereits vor 1,7 Millionen Jahren Nahrung in heißen Quellen abgekocht, wie Archäologen in einer Schlucht in Tansania nachweisen konnten. Das war also sogar noch vor der Erfindung des Feuers. Auf jeden Fall gelang es dem Menschen erfolgreich, seine Evolution voranzubringen, indem er durch das Kochen, in welcher Form auch immer, die Nahrung leichter essbar und leichter verdaulich machte. Auch die Nährstoffe waren für den Körper nach dem Kochvorgang einfacher zu verwerten. Damit hat der Mensch Energie und Zeit gewonnen, die er für andere Dinge einsetzen konnte, und so entwickelte sich die menschliche Kultur.

Heutzutage stehen wir vielfach vor einer Situation, in der zeitaufwendiges Kochen aus purem Zeitmangel nur mehr schwer möglich ist. Die Terminkalender einer Familie mit zwei arbeitenden Elternteilen und Kindern in Kindergarten oder Schule sind darüber hinaus häufig so divergent, dass sogar eine gemeinsame Mahlzeit zu einem organisatorischen Kraftakt gerät. Käuflich ist jedoch alles, was für eine gesunde Ernährung wichtig erscheint. Fehlt Obst und Gemüse, können wir das Defizit durch Nahrungsergänzungsmittel auffangen. Überfällt einen während der Arbeit der Heißhunger, schafft ein Müsliriegel Abhilfe. Soll die Leistungsfähigkeit eines schlanken und durchtrainierten Körpers erhöht werden, steht sogenanntes Superfood aller Arten zur Verfügung. Die Frage stellt sich also: Wozu noch kochen?

Die Antwort gibt ein Blick in die Medien. Im Fernsehen laufen Kochshows, im Internet werden Rezepte diskutiert, in Zeitschriften gibt es Tipps, wie Familie und Freunde kulinarisch verwöhnt werden können. Die Zubereitung köstlicher Gerichte wird also durchaus nicht nur den Fachfrauen und -männern in den Restaurants überlassen, sondern ist mitten aus dem Leben eines jeden gegriffen. Denn kaum einer ist auf Dauer zufrieden mit dem Gang zum Kühlschrank, wo er sich schnell irgendetwas angelt, das er dann vor dem Fernseher allein verspeist. Jeder sehnt sich danach, Nahrung mit einem Gegenüber zu teilen und sich dabei auch mitzuteilen, ein grundlegendes menschliches Bedürfnis. Bereits die erste Mahlzeit eines Säuglings ist verbunden mit Nähe und einem engen Miteinander.

Ich möchte meinen kleinen Vortrag mit einem Appell abschließen: Lassen Sie sich diese wertvolle Errungenschaft der Menschheit nicht durch das Hamsterrad des Alltags nehmen, sondern nehmen Sie sich genüsslich die Zeit für Ihr Essen! Nur so kann man Mensch und Natur den Respekt zollen, der beiden zukommt.

C2 Fleischersatz – Trend oder Rettung?

▶ 14 **2 a) Hören Sie den ersten Abschnitt der Radiosendung „Verbraucher-Check“ und vervollständigen Sie die Sätze, wörtlich oder als Umschreibung.**

1. Diese Entwicklung, sollte sie sich so rasch fortsetzen, wie es sich momentan abzeichnet, *könnte zu einer grundlegenden Veränderung auf unserem Planeten führen.*
2. Die einen begrüßen diese Veränderung als Rettung unseres Planeten, die anderen ____________________
3. Der Philosoph Pythagoras ist der wohl prominenteste Vertreter aus der Antike, der ____________________
4. Auch die Orphiker lehnten den Verzehr von Tieren ____________________
5. Sie glaubten an die Wiedergeburt aller beseelten Wesen, weshalb ____________________
6. Die christliche Religion beinhaltet ____________________

7. Es gibt die Überzeugung, dass der Mensch kein Recht dazu hat, ______________________

____

8. Wer neben Hülsenfrüchten und Getreide hauptsächlich Gemüse und Obst zu sich nimmt, hat ____

____

9. Auch bei vegetarischer und besonders bei veganer Kost muss ______________________

____

▶ 15 **2 b) Hören Sie den zweiten Abschnitt der Sendung und kreuzen Sie an. Was ist richtig, was ist falsch?**

	richtig	falsch
1. Eine Umweltschutzorganisation hat eine Studie zur Nutztierhaltung durchgeführt.	☐	☒
2. Der größte Teil der Anbauflächen auf der ganzen Welt wird für die Produktion von Viehfutter und als Weideland verwendet.	☐	☐
3. 20 Prozent der Nahrungsmittel für den Menschen sind tierischer Art.	☐	☐
4. Ein Drittel des geernteten Getreides weltweit wird direkt für die Ernährung eingesetzt.	☐	☐
5. Die Nutztierhaltung ist der Hauptgrund für die globale Erwärmung.	☐	☐
6. Um neues Weideland für die Tiere zu erhalten, werden Wälder abgeholzt oder brandgerodet, was auch als klimaschädliche CO_2-Emission zu Buche schlägt.	☐	☐
7. Die Vernichtung von Waldflächen beschleunigt den Treibhauseffekt.	☐	☐
8. Für die Erzeugung von zwei Pfund Rindfleisch werden sieben Pfund Viehfutter benötigt.	☐	☐
9. Rund ein Drittel des weltweit genutzten Wassers wird für die Fleischproduktion verwendet.	☐	☐
10. 0,4 Prozent der Wasservorkommen der Erde sind kein Trinkwasser.	☐	☐

▶ 16 **2 c) Lesen Sie zunächst die Aussagen. Hören Sie nun den letzten Abschnitt der Sendung und bringen Sie die Aussagen in die richtige Reihenfolge.**

____ Der neue Ansatz, Kaufentscheidungen zu fördern, die vor allem nach moralisch-ethischen Gesichtspunkten getroffen werden, ist erfolgversprechend, da der übrige Lebensmittelmarkt nicht mehr viel Innovationspotenzial beinhaltet.

_____ Die Lebensmittelindustrie entwickelt dem Fleisch täuschend ähnliche Produkte, die hochtechnisierte Vorgänge durchlaufen und mit vielen Zusatzprodukten versetzt sind.

_____ Die Aktienkurse der Lebensmittelproduzenten, die auf vegetarische oder vegane Produkte setzen, sind gestiegen.

_____ Um den Geschmack und die Konsistenz von Fleisch zu erreichen, werden allerdings manchmal fragwürdige Zusatzstoffe eingesetzt.

_1._ Große Unternehmen sind in die Entwicklung von Fleischersatzprodukten eingestiegen.

_____ Die Zuhörer können sich im Anschluss an einer Diskussion im Internet beteiligen.

_____ Nicht zuletzt, um zusätzliche umweltbelastende Verpackungen zu vermeiden, ist die Zubereitung in der eigenen Küche am besten.

_____ In hauptsächlich asiatischer Tradition steht die Verarbeitung von Hülsenfrüchten und Getreide zu proteinreichen Ersatzprodukten oder Würzmitteln.

_____ In Zukunft muss der Mensch auch seine Rolle als Verbraucher überdenken.

_____ Fleisch kann beim Kochen durch Pilze, Früchte oder Gemüse ersetzt werden.

2 d) Lesen Sie die folgenden Hörerkommentare und antworten Sie darauf mit ein paar Sätzen im Sinne des Vortrags.

1. Wenn die Menschen kein Fleisch mehr essen können oder dürfen, dann sind bei manchen die psychischen Auswirkungen dramatisch, da Ernährung eben nicht nur Grundbedürfnis des Menschen ist, sondern es auch als Zeichen für gesellschaftlichen Erfolg gilt, sich jederzeit Fleisch leisten zu können.
2. Der Mensch braucht Fleisch, um ausreichend mit Proteinen, Vitaminen und Mineralstoffen versorgt zu sein. Schwere körperliche Arbeit und anspruchsvolle sportliche Leistung sind ohne fleischliche Nahrungsmittel nicht möglich.
3. Ein anderer Umgang mit den sogenannten Nutztieren würde schon helfen. Dazu zählt zum einen der absolute Verzicht auf Massentierhaltung und das daraus resultierende Billigfleisch, die Wertschätzung des einzelnen Tieres, die artgerechte Haltung und der Verzehr von Fleisch nur bei besonderen Gelegenheiten oder höchstens einmal pro Woche als Sonntagsbraten. So war es jahrhundertelang, und das hat der Erde nicht geschadet.

▶ 14 2 a) Text und Lösung Abschnitt 1

Guten Abend und herzlich willkommen zu unserer heutigen Sendung „Verbraucher-Check". Heute werden wir uns einem, wie ich finde, außergewöhnlich interessanten Thema widmen: der Entwicklung unserer Ernährungskultur, die, sollte sie sich so rasch fortsetzen, wie es sich momentan abzeichnet, zu einer grundlegenden Veränderung auf unserem Planeten führen könnte. Zu einer Veränderung, die von den einen als unbedingt notwendig zur Rettung unseres Planeten begrüßt, von den anderen zur Bedrohung des menschlichen Wohlstands hochstilisiert wird. Um welche Entwicklung geht es, und was steckt hinter diesen hoch emotionalisierten Standpunkten? Unser Team vom „Verbraucher-Check" war den Fakten unserer Ernährung auf der Spur.
Die zentrale Frage lautet heute: Wo ist noch wirklich Fleisch drin, und was tut nur so, als wäre es Fleisch? Gehen wir die Supermarktregale entlang, so springen uns immer mehr Produkte ins Auge, die ein „V" im Firmennamen oder auf dem Logo führen. „V" wie „vegetarisch" oder „vegan". Vom einstigen Nischenprodukt längst zum üblichen Sortimentsbestandteil geworden, haben wir mittlerweile die Wahl zwischen fleischbasierten Schnitzeln, Würsten, Steaks und allen anderen hinreichend bekannten Produkten, die normalerweise einhergehen mit dem Tod eines sogenannten Nutztieres, und – den scheinbar gleichen Produkten. Allerdings nutzen die Hersteller dieser Produkte die Proteine, beispielsweise von Erbsen, Lupinen und Linsen, und lassen die Tiere vollkommen in Ruhe.
Doch – ist vegetarische oder vegane Ernährung so neu? Nach einem Blick Richtung Asien und in unsere eigene europäische Geschichte muss man diese Frage verneinen. Der Philosoph Pythagoras ist der wohl prominenteste Vertreter aus der Antike, der schon um 500 vor Christus das Töten von Tieren verurteilte und davon überzeugt war, dass alles, was der Mensch den Tieren antut, wieder auf den Menschen zurückkommt. Auch die Orphiker, benannt nach dem sagenumwobenen Dichter und Sänger Orpheus, lehnten schon im 6. Jahrhundert vor Christus den Verzehr von Tieren sowie auch die Nutzbarmachung von Eiern, Wolle oder Leder aus religiösen Gründen ab. Sie glaubten an die Wiedergeburt aller beseelten Wesen, weshalb man nur durch Entsagung seine Reinheit bewahren und damit Erlösung erlangen könne.
Auch im Mittelalter finden wir bei einigen Mönchsorden religiös motivierte Verfechter der fleischlosen Ernährung, allerdings beinhaltet die christliche Religion keine ethisch-moralischen Forderungen, tierisches Leben zu verschonen.
Mit der frühen Neuzeit tauchen im Stammbaum der Vegetarier Namen auf wie Leonardo da Vinci, Francois de Voltaire und Jean-Jacques Rousseau. Eine breitere Öffentlichkeit wurde jedoch erst im Verlauf des 19. Jahrhunderts auf den Vegetarismus aufmerksam, und eine Lebensweise, die auf jegliche Tierprodukte verzichtet, wie es der Veganismus fordert, entstand sogar erst 1944 in England.
Neben der Überzeugung, dass der Mensch kein Recht dazu habe, nach Gutdünken über das Leben anderer Lebewesen zu verfügen, gibt es auch das Argument, dass es der Gesundheit durchaus zuträglich ist, auf Fleischkonsum zu verzichten. Wer neben

Hülsenfrüchten und Getreide hauptsächlich Gemüse und Obst zu sich nimmt, hat ein deutlich geringeres Risiko, an Herz-Kreislauf-Beschwerden, Diabetes oder Krebs zu erkranken – vorausgesetzt natürlich, dass auch bei vegetarischer und vor allem bei veganer Kost auf eine ausgewogene Aufnahme aller für den Körper nötigen Nährstoffe geachtet wird. Das aktuell ausschlaggebende Argument aber, das für den Vegetarismus oder Veganismus spricht, dürfte jedoch ökologischer Natur sein. (...)

2. Die einen begrüßen diese Veränderung als Rettung unseres Planeten, die anderen *stilisieren sie zur Bedrohung des menschlichen Wohlstands hoch.*
3. Der Philosoph Pythagoras ist der wohl prominenteste Vertreter aus der Antike, der *schon um 500 vor Christus das Töten von Tieren verurteilte.*
4. Auch die Orphiker lehnten den Verzehr von Tieren sowie *auch die Nutzbarmachung von Eiern, Wolle oder Leder aus religiösen Gründen ab.*
5. Sie glaubten an die Wiedergeburt aller beseelten Wesen, weshalb *man nur durch Entsagung seine Reinheit bewahren und damit Erlösung erlangen könne.*
6. Die christliche Religion beinhaltet *keine ethisch-moralischen Forderungen, tierisches Leben zu verschonen.*
7. Es gibt die Überzeugung, dass der Mensch kein Recht dazu hat, *nach Gutdünken über das Leben anderer Lebewesen zu verfügen.*
8. Wer neben Hülsenfrüchten und Getreide hauptsächlich Gemüse und Obst zu sich nimmt, hat *ein deutlich geringeres Risiko, an Herz-Kreislauf-Beschwerden, Diabetes oder Krebs zu erkranken.*
9. Auch bei vegetarischer und vor allem bei veganer Kost muss *auf eine ausgewogene Aufnahme aller für den Körper nötigen Nährstoffe geachtet werden.*

▶ 15 **2 b) Text und Lösung Abschnitt 2**

Moderatorin: Das aktuell ausschlaggebende Argument aber, das für den Vegetarismus oder Veganismus spricht, dürfte jedoch ökologischer Natur sein. Hierzu möchte ich einen Experten befragen, den Professor für Ernährungswissenschaft an der hiesigen Universität, Herrn Professor Tirgler. Herr Professor Tirgler, können Sie uns einige Eckdaten nennen, um das Problem zu illustrieren?

Prof. Tirgler: Sehr gern. Ich beziehe mich hier auf Daten, die von einer der wichtigsten internationalen Umweltschutzorganisationen überzeugend und aussagekräftig zusammengefasst wurden. In den letzten Jahren gab es verschiedene Studien zur aktuellen Nutztierhaltung, mit erschreckendem Ergebnis: Rund 80 Prozent der weltweit verfügbaren Anbaufläche wird als

Weideland respektive zur Futterherstellung für die Nutztierhaltung verwendet. Tierische Lebensmittel schlagen jedoch nur mit knapp 20 Prozent bei der weltweiten Nahrungsversorgung zu Buche. Es ist tatsächlich ein Drittel der weltweiten Getreideernte, die in den Futtertrögen der Nutztiere landet, die gemästet werden, um schließlich auf den Tellern der Menschen zu enden – wahrheitsgetreu müsste man sagen: auf den Tellern einiger weniger Menschen. Um wie vieles effizienter könnte diese Anbaufläche direkt für die Welternährung genutzt werden! Dazu kommt eine vernichtende Klimabilanz. Mit rund 20 Prozent gehört die Nutztierhaltung zu den Hauptverursachern der globalen Erwärmung. Dies setzt sich zusammen aus den direkten Emissionen, die besonders bei Wiederkäuern wie Rindern, Schafen und Ziegen sehr hoch sind. Dazu kommen noch die Emissionen, die aufs Konto der Futtergewinnung gehen, und nicht zuletzt die, die sich bei der Gewinnung von Weideland ergeben, sprich Abholzung und Brandrodung. Ganz abgesehen davon, dass mit dieser Waldvernichtung in unvorstellbarem Ausmaß auch die Vernichtung eines natürlichen Gegengewichts gegen die stete Zunahme an CO_2 in der Atmosphäre einhergeht. Und abschließend noch ein paar Zahlen, die die Brisanz des Themas verdeutlichen: Um ein Kilogramm Schweinefleisch zu erhalten, müssen fünf Kilogramm Futter produziert werden. Pro Kilogramm Rindfleisch werden sieben Kilogramm Futter und 15 300 Liter Wasser benötigt und dabei 13,3 Kilogramm CO_2 freigesetzt. Übrigens, auch das Thema Wasserverbrauch gibt einem zu denken: Es sind rund 30 Prozent des weltweit genutzten Wassers, dessen Verbrauch auf Kosten der Erzeugung tierischer Nahrungsmittel geht. Rechnet man, dass als Trinkwasser nur 4 Prozent der Wasservorkommen auf der Erde zu nutzen sind, für eine Weltbevölkerung von 7,8 Milliarden Menschen, dann sind wir in einer Kosten-Nutzen-Rechnung schnell bei einem enormen Missverhältnis.

Moderatorin: Herzlichen Dank, Herr Professor Tirgler! Auch wenn uns sicher allen jetzt ein wenig der Kopf schwirrt von all den Zahlen, so bleibt doch der sich stetig verfestigende Eindruck: Mit unserer bisherigen Ernährungsweise muss etwas geschehen. Und, wie eingangs beschrieben, ist ja auch bereits einiges geschehen. (…)

richtig: 2., 3., 6., 7., 9.; falsch: 4., 5., 8., 10.

▶ 16 **2 c) Text und Lösung Abschnitt 3**

Moderatorin: Und, wie eingangs beschrieben, ist ja auch bereits einiges geschehen. So war z. B. ein bekanntes deutsches Unternehmen, das jahrzehntelang für Wurstprodukte stand, auf dem deutschen Markt das erste, das diesem Umdenken folgte. Andere Schwergewichte im Ring der Lebensmittelindustrie ließen dann mit ihrer Produktentwicklung nicht lange auf sich warten. Der Blick auf die Börse zeigt, welch immens hohes Potenzial in diesen Fleischersatzprodukten gesehen wird. Und – seien wir mal ehrlich – der bisherige Markt mit seinen altbekannten Produkten ist ja tatsächlich ausgereizt. Was kann noch neu und aufregend sein und den Kaufwillen vieler auf sich ziehen? Der hundertste zartschmelzende Käse, die tausendsten knackigen Chips, die einem suggerieren, man würde in ein Gewürzregal beißen? Da scheint ein Ansatz, der sowohl auf ethisch-moralischen als auch auf ökologischen Gesichtspunkten gründet, gerade recht zu kommen. Lassen Sie uns diese Produkte einmal unter die Lupe nehmen. Dazu haben wir den Ernährungswissenschaftler Ralf Balter vom Institut für Lebensmittelforschung eingeladen, damit er uns von seinen Analysen der Fleischersatzprodukte berichtet:

Balter: Grundsätzlich gelten als Fleischersatz alle Lebensmittel, die in Geschmack, Aussehen, Textur oder auch vom Proteingehalt her eine beabsichtigte Ähnlichkeit mit Fleisch aufweisen. Das können Pilze sein wie der Parasol, Früchte wie die Jackfrucht oder Gemüse wie der Sellerie, die, in herkömmlichen Kochprozessen bearbeitet, bereits zum gewünschten fleischähnlichen Ergebnis führen. Eines bereits etwas größeren Aufwands an Verarbeitung bedarf es, um aus Hülsenfrüchten und Getreide proteinreiche Produkte zu gewinnen, die in ihrer Konzentration dem Fleisch gleichkommen. Hierzu zählen alle Sojaprodukte, Seitan, Tempeh und so weiter, die hauptsächlich aus der asiatischen Küche stammen. Aus denselben Basisstoffen können auch glutamatreiche Würzmittel hergestellt werden, die zahlreichen anderen Produkten ein fleischiges Aroma verleihen. Und schließlich gibt es noch die tatsächlichen Fleischimitate, von der Lebensmittelindustrie entwickelt, um ein dem Burger, dem Wiener Würstchen oder dem Schnitzel möglichst ähnliches Produkt zu entwickeln. Hier wird in hochtechnisierten Vorgängen gewonnenes Pflanzen- oder Pilzprotein durch die Zugabe von Bindemitteln, Gewürzen und Aromen in fleischähnliche Konsistenz und fleischähnlichen Geschmack verwandelt. Viele dieser Produkte sind jedoch nicht vegan, da sie Milchfasern oder Eiklar enthalten, und die eigentlich im ursprünglichen Nahrungsmittel enthaltenen Vitamine, Mineralstoffe und Ballaststoffe werden bei dem Prozess der Eiweißgewinnung zerstört. Für intensiveren Geschmack werden dann häufig noch eher bedenkliche Zusatzstoffe hinzugefügt, wie Säureregulatoren, Geschmacksverstärker wie Glutamat, Raucharoma, Salz, Fett und Zucker, mitunter auch Phosphate oder Verdickungsmittel wie Methylcellulose, das sich auch in Tapetenkleister findet. Die Zutatenliste kann einem bei manchem Produkt den Appetit verderben, wenn natürlich der Ansatz an sich grundsätzlich der richtige ist. Doch auch hier gilt: Selbst gemacht ist immer noch am besten, ganz abgesehen davon, dass das Produkt am Ende nicht aufwendig in Plastik verpackt werden muss."

Moderatorin: ... und ein selbst zubereiteter Hackbraten aus Grünkern, Linsen und Erbsen lässt einem das Wasser im Munde zusammenlaufen! Vielen Dank, Herr Balter, für diesen aufschlussreichen Beitrag! Es scheint wirklich, dass ein Umdenken im Ansatz begonnen hat, allerdings ist noch ein weiter Weg zurückzulegen, um den großen Problemen der Zukunft zu begegnen. Vielleicht muss auch die Anspruchshaltung von uns Konsumenten hinterfragt werden, dass alles zu jeder Zeit und im Übermaß verfügbar sein muss. Weniger ist wohl in jedem Fall mehr für unseren Planeten.
Liebe Zuhörer und Zuhörerinnen, wenn Sie Beiträge zu diesem Thema posten möchten, würden wir uns freuen. Auf der Seite www.verbraucher_check.de stehen Ihnen noch weitere Hintergrundinformationen zur Verfügung. Hiermit verabschiede ich mich und wünsche Ihnen ein erholsames Wochenende!

Richtige Reihenfolge:

1. Große Unternehmen sind in die Entwicklung von Fleischersatzprodukten eingestiegen.
2. Die Aktienkurse der Lebensmittelproduzenten, die auf vegetarische oder vegane Produkte setzen, sind gestiegen.
3. Der neue Ansatz, wonach Kaufentscheidungen vor allem nach moralisch-ethischen Gesichtspunkten getroffen werden, ist erfolgversprechend, da der übrige Lebensmittelmarkt nicht mehr viel hergibt.
4. Fleisch kann beim Kochen durch Pilze, Früchte oder Gemüse ersetzt werden.
5. In hauptsächlich asiatischer Tradition steht die Verarbeitung von Hülsenfrüchten und Getreide zu proteinreichen Ersatzprodukten oder Würzmitteln.
6. Die Lebensmittelindustrie entwickelt dem Fleisch täuschend ähnliche Produkte, die hochtechnisierte Vorgänge durchlaufen und mit vielen Zusatzprodukten versetzt sind.
7. Um den Geschmack und die Konsistenz von Fleisch zu erreichen, werden allerdings manchmal fragwürdige Zusatzstoffe eingesetzt.
8. Nicht zuletzt, um zusätzliche umweltbelastende Verpackungen zu vermeiden, ist die Zubereitung in der eigenen Küche am besten.
9. In Zukunft muss der Mensch auch seine Rolle als Verbraucher überdenken.
10. Die Zuhörerinnen und Zuhörer können sich im Anschluss an einer Diskussion im Internet beteiligen.

▶ 17 **2 d) Beispielhafte Lösung**

Antwort auf Hörerkommentar 1

Das ist einerseits zwar richtig, andererseits kann jedoch die bisherige Ernährungsweise so nicht mehr fortbestehen. Die Nutztierhaltung verbraucht zu viele Ressourcen und steigert die CO_2-Emission so immens, dass dringend ein Umdenken erforderlich ist. Die Welternährung kann nur sichergestellt werden, wenn die Anbauflächen direkt für die Erzeugung von Nahrungsmitteln genutzt werden.

Antwort auf Hörerkommentar 2

Das ist so nicht ganz richtig, da es verschiedene Früchte, Gemüse, Pilze und Getreide gibt, die diese Nährstoffe genauso liefern. Es gibt sowohl in der Geschichte als auch in anderen Erdteilen genügend in langer Tradition vegetarisch lebende Menschen, die dennoch alle mit Fleischessern vergleichbare Leistungen brachten und bringen. Allerdings muss bei einer Umstellung sehr genau auf eine ausgewogene Ernährung geachtet werden, wenn die Essgewohnheiten bislang noch Fleisch miteinbezogen hatten.

Antwort auf Hörerkommentar 3

Das ist natürlich ein schwerwiegendes Argument, da die industrielle Erzeugung von Fleisch die Problematik tatsächlich zur Eskalation gebracht hat. Allerdings muss auch bedacht werden, dass die Erdbevölkerung drastisch zunimmt und alle ernährt werden wollen. Ob das nach traditioneller Art, den Fleischverzehr inbegriffen, geschehen kann, ist zumindest fraglich. Je mehr Alternativen sich in Zukunft entwickeln, umso besser wird das für die Welternährung sein.

C3 Allzu sensibel

3 a) Sie hören den Vortrag einer Ärztin für Allergologie, Dr. Antje Klüser, anlässlich einer Tagung des Hotel- und Gaststättengewerbes in Deutschland. Der folgende Vortrag wendet sich in erster Linie an das Service- und Küchenpersonal in den Restaurants. Hören Sie den Vortrag einmal ganz und kreuzen Sie die richtige Lösung an.

▶ 18

1. Warum hält die Professorin für Allergologie diesen Vortrag auf einer Tagung des Hotel- und Gaststättengewerbes?
   - ☐ Zur Sensibilisierung der Leitungsteams von Hotels und Gaststätten.
   - ☐ Zur künftigen Vermeidung allergener Stoffe in den Hotel- und Gaststättenküchen.
   - ☐ Zur Vermittlung entsprechenden Hintergrundwissens über Nahrungsmittelintoleranzen an das Service- und Küchenpersonal von Restaurants.
   - ☐ Zur Unterweisung des Kochpersonals in vorbeugenden Maßnahmen, um einen anaphylaktischen Schock bei sensiblen Gästen zu vermeiden.

2. Welche Stichwort-Kombination beschreibt korrekt die wichtigsten Punkte des Vortrags?
   - ☐ Öffentliche Aufmerksamkeit suggeriert Anstieg von Allergien weltweit; Ratschläge, wie sich Allergien bei Kindern zuverlässig vermeiden lassen
   - ☐ Kreuzreaktionen als Ursache für Nahrungsmittelunverträglichkeiten; Schadstoffbelastung führt zu Abbau der körpereigenen Verdauungsenzyme
   - ☐ Zunahme von Allergien durch Stoffwechselstörungen und Pseudo-Allergien; Schadstoffbelastung und mangelnde Hygiene als Hauptgründe für Allergien
   - ☐ Klärung der Terminologie; Nennung einiger wahrscheinlicher Gründe für den Anstieg von Allergien weltweit

C

3 b) Ergänzen Sie die passenden Verben aus dem Vortrag.

empfinden • annehmen • widmen • ausmachen • ~~absehen~~ • kommen • führen • hervorrufen • liegen • nehmen • gelten

kein Ende *absehen*	zugrunde ______	Aufmerksamkeit ______
zum Tod ______	als erwiesen ______	als problematisch ______
ernst ______	einen Unterschied ______	Beschwerden ______
Ausmaße ______	in Berührung ______	

▶ 19 **3 c) Hören Sie zunächst den ersten Abschnitt des Vortrags und ergänzen Sie die Sätze möglichst genau, wörtlich oder als Umschreibung.**

1. Zum einen sollen Sie schmackhafte Gerichte zubereiten, zum anderen sind Sie mehr und mehr gefordert, nicht nur auf die unterschiedlichsten Präferenzen der Gäste, sondern *auch auf die gesundheitlichen Risiken bei der Verwendung der Zutaten Rücksicht zu nehmen.*

2. Mitunter drängt sich einem der Verdacht auf, dies könne auch ______

______

______

3. Das körpereigene Immunsystem reagiert bei einer Allergie überempfindlich ______

______

______

4. Inzwischen ruft die WHO dazu auf, die ______

______

______

5. Das Immunsystem kann manchmal Allergene und Pollen nicht unterscheiden und

______

______

6. Eine Lebensmittelintoleranz oder -unverträglichkeit ist nicht zu verwechseln mit einer Lebensmittelallergie, denn letztere kann, wie wir gerade gehört haben, durchaus

____

____

7. Häufig sind, wie zum Beispiel bei der Lactose-, Fructose- oder Histamin-Intoleranz, fehlende Enzyme ______________________________

____

____

8. Nicht fehlen darf der Hinweis auf die Pseudo-Allergien, die zwar ____________

____

____

▶ 20 **3 d) Hören Sie nun den zweiten Abschnitt des Vortrags und kreuzen Sie an: Welche Punkte stimmen damit überein?**

1. positive Auswirkungen eines hygienisch einwandfreien Lebensstils ☒
2. Gesundheitsrisiken bei traditionellen Lebensformen am Beispiel von Amish People und Hutterern in den USA ☐
3. Ausbildung eines starken Immunsystems bei Kindern durch engen Kontakt mit Tieren ☐
4. Belastung von Säuglingen durch natürliche Geburt ☐
5. notwendiger Verzicht kleiner Kinder auf Weizen, Fisch, Ei und Kuhmilch ☐
6. positiver Einfluss potenziell allergieauslösender Stoffe auf die Stärkung des Immunsystems bei Kindern ☐
7. Erkenntnisse über Auslöser von Allergien durch Vergleich der Bevölkerung im Osten und Westen Deutschlands kurz nach der Wende ☐
8. Klimawandel und Umweltverschmutzung als in diesem Kontext zu vernachlässigende Faktoren ☐
9. Erklärung einer möglichen Ursache von Laktoseintoleranz bei Erwachsenen ☐

10. Veränderung der Zusammensetzung der Enzyme in der Milch von Kühen, Schafen und Ziegen ☐
11. Lebensweise des modernen Menschen muss zu Lebensmittelintoleranzen führen. ☐
12. eingebildete Unverträglichkeiten durch starke Präsenz der Thematik ☐

▶ 21 **3 e) Jetzt sind Sie dran. Hören Sie die Fragen zum Vortrag, machen Sie sich hier Notizen und antworten Sie auf der Basis Ihrer Notizen.**

▶ 18 **3 a) Text und Lösung**

Abschnitt 1

Sehr geehrtes Publikum, liebes Service- und Küchenpersonal. Ich danke Ihnen für die Einladung zu Ihrer Tagung und das meinem Thema entgegengebrachte Interesse. Allergien und Nahrungsmittelunverträglichkeiten sind seit Jahren auf dem Vormarsch, und sie scheinen weiter zuzunehmen. Das macht Ihren Arbeitsalltag sicherlich immer schwieriger. Zum einen sollen Sie schmackhafte Gerichte zubereiten, zum anderen sind Sie mehr und mehr gefordert, nicht nur auf die unterschiedlichsten Präferenzen der Gäste, sondern auch auf die gesundheitlichen Risiken bei der Verwendung der Zutaten Rücksicht zu nehmen. Mit der seit 2014 herrschenden Kennzeichnungspflicht allergener Stoffe ist es meist nicht getan, soll doch ein jeder Gast auf der Speisekarte mindestens ein Gericht finden, das sie oder er ohne Bedenken verspeisen kann. Gerne möchte ich Ihnen heute aus medizinischer Perspektive ein wenig Hintergrundwissen zu dieser Thematik vermitteln, während Ihnen von den nächsten Referentinnen und Referenten praktische Tipps an die Hand gegeben werden.

Weltweit leidet eine steigende Anzahl von Menschen seit einigen Jahrzehnten an Allergien aller Art. Mitunter drängt sich einem der Verdacht auf, dies könne auch an der wachsenden Aufmerksamkeit liegen, die diesen Erkrankungen entgegengebracht wird. Ein Blick auf entsprechende Studien relativiert diesen Eindruck jedoch rasch. Allergien gehören heutzutage tatsächlich zu den häufigsten Krankheiten in der westlichen Welt. In Europa sind 60 Millionen Menschen betroffen, davon 20 bis 30 Millionen in Deutschland. Das körpereigene Immunsystem reagiert bei einer Allergie überempfindlich auf eigentlich unschädliche Stoffe und bekämpft sie wie eine ernste Bedrohung. Im schlimmsten Fall kann eine Allergie zu einem anaphylaktischen Schock führen, bei dem durch eine massive Histamin-Ausschüttung der Blutdruck stark abfällt. Letzteres kann zu einem Herz-Kreislauf-Versagen und sogar zum Tod führen. Jährlich sterben in Deutschland mehrere tausend Menschen an den Folgen einer Allergie. Inzwischen ruft die WHO dazu auf, die sich ausbreitenden Allergien ernst zu nehmen, da sie geradezu pandemische Ausmaße angenommen hätten.

Ich spreche hier bewusst von Allergien im Allgemeinen, obwohl uns an dieser Stelle ja hauptsächlich Nahrungsmittelallergien und -intoleranzen interessieren. Doch Menschen, die beispielsweise von einer Pollenallergie betroffen sind, zeigen häufig auch Reaktionen auf bestimmte Lebensmittel. Das liegt daran, dass sich die Allergene – meist sind das Eiweißbestandteile – mancher Pollen und mancher Lebensmittel oft sehr ähneln. Das Immunsystem kann sie dann nicht unterscheiden und überreagiert. Diese Überreaktion wird Kreuzreaktion oder auch pollenassoziierte Lebensmittelallergie genannt. Zum Beispiel verträgt manchmal jemand, der allergisch auf Birke, Erle oder Hasel reagiert, keine rohen Obstsorten wie Apfel, Birne, Pflaume oder Kirsche.

Doch fokussieren wir uns nun ausschließlich auf die Lebensmittel mit denen Sie, liebe Zuhörerinnen und Zuhörer, ja schließlich zu tun haben. Die Terminologie bezüglich der Unverträglichkeiten ist häufig unscharf. Eine Lebensmittelintoleranz oder -unverträglichkeit ist nicht zu verwechseln mit einer Lebensmittelallergie: Letztere kann, wie wir gerade gehört haben, durchaus lebensbedrohlich sein, während eine Intoleranz im Grunde genommen eine Stoffwechselstörung ist. Unangenehm genug, denn die Symptome gehen von Verdauungsproblemen aller Art über Kopfschmerzen, Schlafstörungen und Kreislaufprobleme bis zu Hautreaktionen wie Ekzeme, Rötungen und Juckreiz. Häufig sind, wie zum Beispiel bei der Lactose-, Fructose- oder Histamin-Intoleranz, fehlende Enzyme der Auslöser, was dazu führt, dass das entsprechende Lebensmittel nicht verdaut werden kann. Einer Glutenintoleranz kann die Krankheit Zöliakie zugrunde liegen – es kann sich aber auch um eine reine Unverträglichkeit größerer Mengen handeln, was möglicherweise mit der Züchtung der modernen Weizensorten zusammenhängt. Dies zu erläutern würde hier jedoch zu weit führen.

Nicht fehlen darf der Hinweis auf die Pseudo-Allergien, die zwar ähnliche Symptome zeigen wie die Allergien, allerdings nicht die Bildung von Antikörpern auslösen. Dennoch führen auch sie zu einer Ausschüttung von Histamin. Ausgelöst werden Pseudo-Allergien häufig durch Nahrungsmittel oder Zusatzstoffe, die auf die Blutgefäße einwirken, wie Koffein, Glutamate oder verschiedene sogenannte Amine in Lebensmittel wie zum Beispiel Käse, Bananen, Tomaten oder Schokolade. Auch andere Lebensmittelzusatzstoffe wie Farbstoffe, Emulgatoren, Konservierungsmittel oder Säuerungsmittel können dieselbe Wirkung haben.

Abschnitt 2

Wie entstehen nun diese Lebensmittelintoleranzen? Weshalb nehmen sie in so erschreckendem Maße zu? Noch gibt es keine endgültig zufriedenstellende Antwort auf die Frage, doch häufig begegnet einem die These, dass ein Zuviel an Hygiene die Ausbildung von Allergien begünstigt. Laut etlichen Wissenschaftlern korreliert dies mit der Lebensweise in den hochindustrialisierten Ländern, wo es deutlich mehr Allergiker:innen gibt als in Ländern mit eher traditioneller Lebensart. Interessant ist in diesem Kontext eine Untersuchung, die in den USA unter Amish People und Hutterern durchgeführt wurde. Hier sind sowohl der ethnische Hintergrund als auch die Art zu leben nahezu identisch, und dennoch litten bei den Hutterern deutlich mehr Kinder an allergischem Asthma als bei den Amish People, nämlich 21,3 im Gegensatz zu 5,2 Prozent. Den entscheidenden Unterschied zwischen den beiden Gruppen machten die Forscher in der Viehhaltung aus. Während die Hutterer Viehställe und Wohnungen trennten und mit moderner Technik arbeiteten, gab es bei den Amish People noch dasselbe Miteinander von Mensch und Tier wie vor Hunderten von Jahren. In dieser engen Verbindung sahen die Forscher die Erklärung für die geringe Allergieanfälligkeit. Kinder, die auf einem Bauernhof aufwachsen, kommen zwangsläufig mit vielen Keimen in Berührung, wodurch ihr Immunsystem ständig gefordert wird. Inzwischen gilt als weitestgehend belegt: Wenn ein Immunsystem nicht arbeiten muss, beginnt es, sich mit Substanzen zu beschäftigen, die eigentlich für den Körper ungefährlich sind. Eine wohl erste Herausforderung für den Körper ist die natürliche Geburt. Die Keime, auf die der Säugling dabei trifft, besiedeln seinen Darm und aktivieren sein Immunsystem – im Gegensatz zum sterilen Kaiserschnitt, der in unserer Zeit sicherlich häufiger durchgeführt wird als früher. Bemühte man sich früher, von Babys und Kleinkindern alle Stoffe fernzuhalten, die als potenziell allergieauslösend angesehen wurden, halten heute viele Wissenschaftler und Wissenschaftlerinnen dies aus den oben genannten Gründen genau für den falschen Ansatz. Deren Theorie nach nehmen Kinder bereits im Mutterleib und auch beim Stillen Fremdeiweiß auf, und ihr Körper lernt dabei, dies zu verarbeiten. Deshalb solle man Kinder möglichst früh möglichst viele Nahrungsmittel probieren lassen, sogar die Klassiker unter den Allergien auslösenden Nahrungsmitteln wie Weizen, Fisch, Ei und Kuhmilch. Natürlich gibt es noch viele weitere Faktoren, die als mögliche Ursachen für die Auslösung von Allergien gesehen werden.

Eine nicht geringe Rolle spielen sicherlich die Zusatzstoffe in unseren Nahrungsmitteln. Eindrucksvoll belegt wurde dies durch eine Studie kurz nach der Wiedervereinigung. In der DDR, wo in traditionellen Familien viel mit regionalen, saisonalen und naturbelassenen Lebensmitteln gekocht wurde, gab es nahezu keine Lebensmittelallergie. In der BRD hingegen, wo die Lebensmittelindustrie schon deutlich mehr verändernd eingegriffen hatte, waren die Zahlen weitaus höher. Nach der Wende zogen die Zahlen im Osten Deutschlands nach.
Auch die Schadstoffbelastung, der der Mensch in seiner Umwelt ausgesetzt ist, darf nicht vernachlässigt werden. Pollen, die sich mit Feinstaubpartikeln verbinden, werden dadurch aggressiver. Außerdem dauert die Pollensaison durch den Klimawandel immer länger – und, wir erinnern uns, durch diese Arten von Allergien nehmen aufgrund der Kreuzallergien auch die Nahrungsmittelintoleranzen zu.
Dazu gibt es eine Vielzahl von Substanzen, mit denen der Mensch früher nicht in Kontakt kam, seien es Textilfarbstoffe, Medikamente oder einfach Lebensmittel aus aller Welt, um nur ein paar Beispiele zu nennen. Auch dies mag bei entsprechender Sensibilität zu Reaktionen führen.

Im Hinblick auf Milchprodukte und Laktoseintoleranz sei auch noch anzumerken, dass die Menge an Laktose, die dem Körper zugemutet wird, so von der Natur wohl nicht geplant war. Nach der Stillzeit nimmt die Produktion des körpereigenen laktoseverarbeitenden Enzyms kontinuierlich ab, denn ursprünglich war die Milch von Kühen, Schafen und Ziegen nicht für die Ernährung des Menschen, sondern für deren eigenen Nachwuchs gedacht. Sieht man sich in den Kühlregalen heutiger Supermärkte um und zählt die auf Milch basierenden Produkte, nimmt es vielleicht nicht wunder, dass der Körper mancher Menschen damit nicht mehr fertig wird.

Abschließend möchte ich jedoch noch einmal den eingangs erwähnten Verdacht aufgreifen, die vermeintliche Zunahme an Intoleranzen könne auch mit der verstärkten

Aufmerksamkeit zu tun haben, die ihnen gewidmet wird. Wir haben nachgewiesen, dass dies überwiegend nicht so ist. Und dennoch – erheblich mehr Menschen vermuten bei sich selbst eine Nahrungsmittelintoleranz, als sie nachgewiesenermaßen tatsächlich auftritt. Dabei ist nicht auszuschließen, dass manche Konsumenten bei sich eine Unverträglichkeit feststellen, weil sie die gekennzeichneten Inhaltstoffe eines Nahrungsmittels als problematisch empfinden, obwohl sie bei den meisten Menschen keinerlei Beschwerden hervorrufen. In diesem Zusammenhang wäre vielleicht eher allgemein der moderne Lebensstil zu hinterfragen, der durch wenig geregelte Mahlzeiten, viel Stress und Hektik und mitunter fragwürdige moderne Ernährungsgewohnheiten gewiss auch zu Unwohlsein im Magen-Darm-Bereich führen kann.

Hiermit, meine Damen und Herren, komme ich zum Schluss meines Vortrags und hoffe, dass Sie nun einen gewichtigen Gegner Ihres Berufsalltags ein wenig besser kennengelernt haben. Konkrete Tipps, wie Sie damit in der Küche und im Service umgehen können, wird Ihnen nun der nächste Redner geben.
Vielen Dank für Ihre Aufmerksamkeit.

1. Warum hält die Professorin für Allergologie diesen Vortrag auf einer Tagung des Hotel- und Gaststättengewerbes?
   zur Vermittlung entsprechenden Hintergrundwissens über Nahrungsmittelintoleranzen an Küchen- und Servicepersonal

2. Welche Stichwort-Kombination beschreibt korrekt die wichtigsten Punkte des Vortrags?
   Klärung der Terminologie; Nennung einiger wahrscheinlicher Gründe für den Anstieg von Allergien weltweit

3 b) Lösung

zum Tod *führen*, ernst *nehmen*, Ausmaße *annehmen*, zugrunde *liegen*, als erwiesen *gelten*, einen Unterschied *ausmachen*, in Berührung *kommen*, Aufmerksamkeit *widmen*, als problematisch *empfinden*, Beschwerden *hervorrufen*

3 c) Lösung

2. Mitunter drängt sich einem der Verdacht auf, dies könne auch *an der wachsenden Aufmerksamkeit liegen, die diesen Erkrankungen entgegengebracht wird.*

3. Das körpereigene Immunsystem reagiert bei einer Allergie überempfindlich *auf eigentlich unschädliche Stoffe und bekämpft sie wie eine ernste Bedrohung.*

4. Inzwischen ruft die WHO dazu auf, die *sich ausbreitenden Allergien ernst zu nehmen, da sie geradezu pandemische Ausmaße angenommen hätten.*

5. Das Immunsystem kann manchmal Allergene und Pollen nicht unterscheiden und *überreagiert, was Kreuzreaktion oder auch pollenassoziierte Lebensmittelallergie genannt wird.*

6. Eine Lebensmittelintoleranz oder -unverträglichkeit ist nicht zu verwechseln mit einer Lebensmittelallergie, denn letztere kann, wie wir gerade gehört haben, durchaus *lebensbedrohlich sein, während eine Intoleranz im Grunde genommen eine Stoffwechselstörung ist.*

7. Häufig sind, wie zum Beispiel bei der Lactose-, Fructose- oder Histamin-Intoleranz, fehlende Enzyme *der Auslöser, was dazu führt, dass das entsprechende Lebensmittel nicht verdaut werden kann.*

8. Nicht fehlen darf der Hinweis auf die Pseudo-Allergien, die zwar *ähnliche Symptome zeigen wie die Allergien, allerdings nicht die Bildung von Antikörpern auslösen.*

3 d) Lösung

Folgende Aussagen stimmen mit dem Vortrag überein: 3, 6, 7, 9, 12

▶ 22 3 e) Fragen und beispielhafte Lösung

1. Was sieht Frau Dr. Klüser heutzutage als die große Herausforderung für das Küchenpersonal im Hotel- und Gaststättengewerbe?
   Sie meint, es sei eine Herausforderung, schmackhafte Gerichte zuzubereiten und dabei sowohl auf die unterschiedlichen Präferenzen der Gäste als auch auf die gesundheitlichen Risiken bei der Verwendung der Zutaten Rücksicht zu nehmen.

2. Was geht bei einer Allergie im Körper des betroffenen Menschen vor sich?
   Das körpereigene Immunsystem reagiert überempfindlich auf eigentlich unschädliche Stoffe und bekämpft sie wie eine ernste Bedrohung.

3. Kann eine Allergie auch lebensbedrohlich sein?
   Durchaus, da es im schlimmsten Fall zu einem anaphylaktischen Schock kommen kann, bei dem durch eine massive Histamin-Ausschüttung der Blutdruck stark abfällt. Das kann zu einem Herz-Kreislauf-Versagen und sogar zum Tod führen.

4. Wodurch unterscheidet sich eine Lebensmittelintoleranz von einer Lebensmittelallergie?
Der Unterschied liegt darin, dass eine Lebensmittelallergie lebensbedrohlich sein kann, während eine Nahrungsmittelintoleranz im Grunde genommen eine Stoffwechselstörung ist.

5. Wodurch werden Pseudo-Allergien ausgelöst?
Sie gehen häufig auf Nahrungsmittel oder Zusatzstoffe zurück, die auf Blutgefäße einwirken, wie zum Beispiel Koffein oder Glutamate. Auch alle anderen Lebensmittelzusatzstoffe können dieselbe Wirkung haben.

6. Welche Ursachen werden beispielsweise hinter der starken Zunahme von Allergien und Unverträglichkeiten vermutet?
Es gibt mehrere Theorien. Beispielsweise kann ein Zuviel an Hygiene die Entwicklung von Allergien begünstigen, da die Kinder mangels Kontakt mit Keimen kein starkes Immunsystem mehr ausbilden können. Außerdem sollte nach Meinung einiger Wissenschaftler das Immunsystem von klein auf gefordert sein, indem Kinder viele, auch potenziell allergene Nahrungsmittel bekommen. Als eine Ursache gilt auch die hohe Anzahl von Zusatzstoffen in unseren Nahrungsmitteln sowie die Schadstoffbelastung und der Klimawandel. Nicht zuletzt kommt der Mensch heutzutage mit vielen fremden Stoffen in Berührung, seien es Textilfarbstoffe, Medikamente oder exotische Nahrungsmittel, um ein paar Beispiele zu nennen.

7. Warum nehmen die Laktoseintoleranzen so stark zu?
Milch ist eigentlich von Natur aus nach der Stillzeit nicht als Nahrungsmittel für den Menschen gedacht. Aus diesem Grund fehlt dem Erwachsenen die ausreichende Menge an Enzymen, die nötig ist, Milch zu verdauen. Allerdings gibt es eine Unmenge an Produkten, die auf Milch basieren, weshalb es vielleicht nicht verwunderlich ist, dass der menschliche Körper zunehmend ablehnend darauf reagiert.

8. Ist jede Nahrungsmittelintoleranz medizinisch zu belegen?
Auch die starke Präsenz dieser Thematik spielt eine Rolle bei der Zunahme der vermuteten Unverträglichkeiten. Oftmals werden die gekennzeichneten Inhaltsstoffe als problematisch wahrgenommen und eventuelles Unwohlsein darauf zurückgeführt, obwohl der Grund möglicherweise auch in der modernen Lebensweise und den heutigen Ernährungsgewohnheiten zu finden ist.

D Kultur und Geschichte

D1 Weltkulturerbe mit allen Sinnen

1 a) Aus verschiedenen Radiosendungen zum Immateriellen Weltkulturerbe hören Sie fünf Texte. Kreuzen Sie jeweils die Aussagen an, die mit ihnen übereinstimmen. Dies können jeweils mehrere sein.

▶ 23 **1. Sie hören einen Ausschnitt aus einem Radiobericht über die UNESCO.**

1. Durch verschiedene Programme der UNESCO wird weltweit bewahrt, was die Menschen auf unterschiedlichen kulturellen Ebenen geschaffen haben. ☐
2. Der Schutz regionaler Traditionen ist wichtig für das Selbstverständnis der dort lebenden Menschen. ☐
3. Auch den Naturwissenschaften kommt in diesem Zusammenhang eine besondere Bedeutung zu. ☐
4. Als Immaterielles Weltkulturerbe gelten die Brauchtümer in den Ländern der Erde, die weniger schützenswerte Baudenkmäler aufzuweisen haben. ☐

▶ 24 **2. Sie hören einen Ausschnitt aus einer Informationssendung zur Bewerbungsphase für die Aufnahme ins Bundesweite Verzeichnis des Immateriellen Kulturerbes in Deutschland.**

1. Die Ausübung der Kulturform sollte nicht vorrangig kommerzieller Natur sein. ☐
2. Die Tradition muss bereits über einen längeren Zeitraum unverändert von Generation zu Generation weitervermittelt worden sein. ☐
3. In erster Linie können sich Handwerker oder Künstler um eine Aufnahme in das Verzeichnis bewerben. ☐
4. Die Bewerbung soll von zwei kompetenten Empfehlungsschreiben nicht involvierter Personen begleitet werden. ☐

▶ 25 **3. Anlässlich einer Sendung zu Praxisbeispielen aus dem Bundesweiten Verzeichnis Immateriellen Kulturerbes hören Sie einen Ausschnitt aus einem Interview, aufgezeichnet beim „Biikebrennen“ auf der Insel Sylt.**

1. Mit den Biikefeuern wird am Petritag der Schutzpatron der Seefahrer, der heilige Petrus, gefeiert. ☐
2. Mit dem Feuer wurde im Mittelalter die Vorstellung verbunden, dass so böse Geister ferngehalten werden konnten. ☐

3. Leuchtfeuer waren in den letzten Jahrhunderten wichtige Orientierungshilfen für die Seefahrt. ☐
4. Das gemeinsame Essen im Anschluss ist besonders scharf. ☐

▶ 26 **4. Anlässlich einer Sendung zu Praxisbeispielen aus dem Bundesweiten Verzeichnis Immateriellen Kulturerbes hören Sie einen Ausschnitt aus einem Bericht über das Bauhüttenwesen in Deutschland.**

1. Aus den Bauhütten von fünf europäischen Ländern wurde eine zur Nominierung ausgewählt. ☐
2. Seit mehreren hundert Jahren arbeiten Baumeister, Künstler und Handwerker Europas in den Bauhütten eng zusammen. ☐
3. Seit der Gotik waren die Bauhütten eine feste Einrichtung mit eigenen Regeln und Gesetzen. ☐
4. Den Bauhütten ist der Erhalt und die bauliche Weiterentwicklung europäischer baulicher Kulturdenkmäler zu verdanken. ☐

▶ 27 **5. Sie hören einen Ausschnitt aus einem Radiobeitrag zum zehnten Jahrestag des Übereinkommens zur Erhaltung des Immateriellen Kulturerbes in Österreich.**

1. In der Spanischen Hofreitschule in Wien wird den Nachwuchs die klassische Reitkunst auf Lippizaner-Hengsten aus Piber gelehrt. ☐
2. Die Wiener Kaffeehäuser laden ein zum Lesen und zum Austausch mit anderen. ☐
3. In der Ortschaft Erl wird jedes sechste Jahr von allen Einwohnern die christliche Passionsgeschichte auf die Bühne gebracht. ☐
4. Die weidenden Schafe werden im Rahmen der Transhumanz in alle an Österreich angrenzenden Länder geführt. ☐

1 b) Welche Worterklärungen oder Synonyme passen? Ordnen Sie zu.

1. identitätsstiftend
2. verorten
3. gewährleisten
4. das Hauptaugenmerk
5. sachkundig
6. verweilen
7. das Reisig
8. feurig
9. würdigen
10. die Instandhaltung
11. betrauen
12. obliegen
13. das Gestüt
14. die Zucht

a) die Aufgabe/Pflicht haben
b) die Sicherung des Fortbestands einer Tierrasse
c) zuordnen, etw./jdm. einen festen Platz zuweisen
d) wertschätzen, Respekt erweisen
e) ein für die Persönlichkeit wichtiges Zugehörigkeitsgefühl hervorbringend
f) beauftragen
g) Pferdezuchtbetrieb
h) Schwerpunkt, Aufmerksamkeit
i) eine bestimmte Stellung beibehalten, ruhig bleiben
j) sicherstellen, garantieren
k) Pflege und Erhalt eines Objekts
l) mit Fachwissen ausgestattet, erfahren
m) leidenschaftlich, hitzig
n) dünne, abgestorbene Zweige

1.	2.	3.	4.	5.	6.	7.	8.	9.	10.	11.	12.	13.	14.
e													

1 c) Jetzt sind Sie dran. Halten Sie einen 3- bis 5-minütigen Kurzvortrag über das Immaterielle Weltkulturerbe. Gehen Sie dabei auf folgende Punkte ein:

- Grundidee
- Aufnahmeverfahren in das Verzeichnis
- einige Praxisbeispiele aus dem deutschsprachigen Raum
- persönliche Meinung zu dem Programm

1 a) Texte und Lösungen

▶ 23 **Text 1**

Doch es ist nicht nur die Denkmalkultur, die auf der Agenda der UNESCO steht. Weltweit gibt es auch unzählige Traditionen und lebendige kulturelle Ausdrucksformen, die von der UNESCO ebenfalls als „schützenswert“ eingestuft werden, nicht zuletzt, da sie für die jeweilige ausübende Gruppe in der Region identitätsstiftend wirken. Hierbei kann es sich um traditionelle Handwerks- und Kunsthandwerkstechniken handeln, um gesellschaftliche Bräuche wie Rituale und Feste, aber auch um rein mündlich überlieferte Ausdrucksformen wie beispielsweise die Sprache, auch darstellende Kunstformen und nicht zuletzt Wissen und Praktiken im Umgang mit Natur und Umwelt. Ursprünglich war der Schutz des Immateriellen Weltkulturerbes auf die Länder Asiens und die indigenen Bevölkerungen fokussiert, um ein Gegengewicht zur stark auf Europa zentrierten

Schutzbewegung von Baudenkmälern und Kulturgütern zu bilden. Erst in jüngerer Zeit wurde die Erkenntnis gewonnen, dass auch in Europa ein reicher Schatz an schützenswerten Kulturformen zu finden ist. Deren Verlust, aber auch Verfälschung durch Kommerzialisierung und Folklorisierung soll verhindert werden. Der Schwerpunkt liegt dabei auf dem Prozess der Weitergabe von Generation zu Generation, worin sich ein vitales, mit dem Lebensalltag verbundenes kulturelles Selbstverständnis ausdrückt.

Übereinstimmung: 2

▶ 24 **Text 2**

Über die Bewerbungen wird in einem mehrstufigen Verfahren entschieden. Einzureichen ist das online verfügbare Formular in dem entsprechenden Ministerium des Bundeslandes, in dem die beworbene Kulturform verortet ist. Bislang gibt es im Bundesweiten Verzeichnis des Immateriellen Kulturerbes in Deutschland 97 Einträge, aus denen wiederum einzelne Elemente für die UNESCO-Liste vorgeschlagen werden. Ein wesentliches Aufnahmekriterium ist die Tatsache, dass das Wissen und Können, das hierin zum Ausdruck kommt, bereits über einen längeren Zeitraum tradiert wird und sich ständig verändern und weiterentwickeln kann. Ferner muss grundsätzlich eine Teilnahmemöglichkeit für jeden gewährleistet sein, und das Hauptaugenmerk darf nicht auf finanziellem Gewinn liegen. Selbstverständlich darf die Ausübung der Tradition nicht gegen die geltenden Rechtsvorschriften der Bundesrepublik Deutschland verstoßen. Von besonderem Interesse sind Kulturformen, die das vielfältige Miteinander heutiger städtischer Kulturen widerspiegeln, wie zum Beispiel die Genossenschaftsidee, die die Voraussetzung für eine nachhaltige Stadtentwicklung schafft.
An dieser Stelle sollen ausdrücklich all jene dazu ermuntert werden, an dem Auswahlverfahren teilzunehmen, die sich in irgendeiner Weise angesprochen fühlen, durch die Ausübung bestimmter Aspekte ihres Lebens für den Erhalt und die Weitergabe alter Bräuche, Rituale, Handwerkskünste, kreativer Ausdrucksformen oder die Tradierung althergebrachten wertvollen Wissens oder Könnens zu sorgen. Dieser Aufruf richtet sich an Gruppen, Gemeinschaften, aber auch Einzelpersonen. Unterstützt werden sollte die Bewerbung durch zwei fachliche Begleitschreiben, ausgestellt von sachkundigen Personen, die selbst kein Mitglied der Gemeinschaft oder Gruppe sind, die den Antrag stellt. In den Schreiben sollte ein vertiefter Bezug zu den Aufnahmekriterien der UNESCO hergestellt werden.

Übereinstimmung: 1, 4

▶ 25 **Text 3**

Moderatorin: Und hinter uns lodern die Flammen, die Sie soeben mit den Worten „Tjen di Biiki ön!“ enzünden ließen. Wir stehen am Strand der Nordseeinsel Sylt vor einem riesigen, brennenden Holzhaufen. Herr Hansen, können Sie unseren Hörerinnen und Hörern einen kurzen Überblick geben, auf welche Tradition das alljährliche Biikebrennen zurückgeht?

Hr. Hansen: Jou, das Biikebrennen kann natürlich, genauso wie all die anderen Feuertraditionen im deutschsprachigen Raum, auf das Mittelalter zurückgehen, wo zum Winterausklang die bösen Geister oder der Winter selbst vertrieben werden sollte. Doch hier oben im Norden hat das noch andere Wurzeln. Der Petritag, der 22. Februar, war für die Schifffahrt ein bedeutender Tag, da die Hansestädte 1403 beschlossen hatten, zwischen dem Martinstag, dem 11. November, und dem Petritag solle die Schifffahrt ruhen. Deshalb konnten die Seefahrer und Walfänger erst dann wieder ausfahren und wurden mit einem großen Feuerfest verabschiedet.

Moderatorin: Woher kommt denn das Wort „Biiki“?

Hr. Hansen: „Biiki“ bedeutet Seezeichen oder Feuerstelle. Leuchtbarken waren im 17. und 18. Jahrhundert einfache Leuchtfeuer an den Stränden, die den Seefahrern als Navigationshilfen dienten. So große Holz- und Reisighaufen, wie Sie hier hinter uns sehen, gibt es erst etwa ab der Mitte des 19. Jahrhunderts.

Moderatorin: Ich habe auch von einer Legende gehört, es sei ein Signal an die Männer auf dem dänischen Festland gewesen, dass die Sylter Frauen nun wieder alleine auf der Insel sind?

Hr. Hansen: Nun, das gehört wohl eher ins Reich der Anekdoten! Auf jeden Fall war es ein gesellschaftliches Ereignis, eine Versammlung aller Seefahrer, auf der auch die Abfahrt der Schiffe und die neuen Heuerverträge besprochen wurden, also die Löhne, die auf den Schiffen ausgezahlt wurden.

Moderatorin: Wer kümmert sich denn um die großen Feuer, und wer sorgt für die Sicherheit?

Hr. Hansen: Heute sind es Feuerwehrleute und Gemeindearbeiter, die das Brennmaterial sammeln und aufschichten. Damit ist auch ein reibungsloser und sicherer Ablauf gewährleistet. Feuriger geht’s da mitunter im Begleitprogramm zu, wenn Reden zur Tagespolitik oder zur Vergangenheit geschwungen werden – auf Friesisch natürlich, das versteht sich von selbst. Doch beim anschließenden Grünkohlessen sind alle wieder friedlich versammelt.

Moderatorin: Und noch eine letzte Frage, bevor wir wieder ans Feuer zurückkehren: …

Übereinstimmung: 2, 3

▶ 26 **Text 4**

Mit der Aufnahme des Bauhüttenwesens in das Register guter Praxisbeispiele zum Erhalt Immateriellen Kulturerbes hat die UNESCO ein länderübergreifendes Konzept gewürdigt, das bereits seit dem Mittelalter Wissen und handwerkliche Fertigkeiten in einem gesamteuropäischen Netzwerk vereint. Zur Nominierung vorgeschlagen wurde es von Frankreich, Norwegen, Österreich, der Schweiz und Deutschland. Entstanden aus dem romanischen Kirchenbau und fest institutionalisiert im Zeitalter des Baus gotischer Kathedralen wirkten in den Bauhütten sämtliche Handwerker und Künstler zusammen, die für grenzüberschreitende baukünstlerische Entwicklungen in Europa verantwortlich waren. Jede Bauhütte unterstand einem oder mehreren Baumeistern und einigen hohen Verwaltungs- und Finanzbeamten und organisierte nach einem strengen Regelwerk die Laufbahn aller auf den Großbaustellen notwendigen Handwerker vom Lehrling bis zum Meister.
Bis in die heutige Zeit wäre die Instandhaltung sowohl sämtlicher europäischer sakraler Großbauten, als auch vieler weltlicher Gebäude ohne das tradierte Fachwissen und das außergewöhnliche handwerkliche Können der Bauhütten undenkbar, das sich heute mit modernster Technik verbindet. Die hohe Mobilität der Bauleute im europäischen Raum führt seit Jahrhunderten zu dichtem, fachlichem Austausch, weshalb sie, damals wie heute, als Innovationsunternehmen galten und gelten.

Übereinstimmung: 2, 3, 4

▶ 27 **Text 5**

Mit der Erstellung eines nationalen Verzeichnisses wurde innerhalb der Österreichischen UNESCO-Kommission die Nationalagentur für das Immaterielle Kulturerbe betraut. Ihr obliegt es, in der Bevölkerung den Respekt vor tradierten Kulturformen zu sichern und das Bewusstsein für deren Förderung zu verstärken. Um die verschiedenen Bereiche zu illustrieren, innerhalb derer sich kulturelle Ausdrucksformen finden, seien hier ein paar Beispiele aus unterschiedlichen Bereichen genannt:
Einer der stärksten Touristenmagnete in Wien ist die Spanische Hofreitschule. In erster Linie jedoch ist sie einer der wichtigsten Plätze von weltweiter Bedeutung zum Erhalt der klassischen Reitkunst. Dieses Können und Wissen wird von einer Bereitergeneration an die nächste mündlich vermittelt und in Reitvorführungen der Öffentlichkeit präsentiert. Hier wird ausschließlich mit Lippizaner-Hengsten gearbeitet, gezüchtet auf dem Bundesgestüt Piber, das wiederum eigenständig in das Verzeichnis aufgenommen wurde. Damit wurde das einzigartige Wissen um die Zucht der Lippizaner geehrt.
Bleiben wir in Wien: Die Wiener Kaffeehauskultur, die Ende des 17. Jahrhunderts entstand, ist auch in dem Verzeichnis zu finden. Die unverwechselbare Atmosphäre mit Marmortischchen, Thonetstühlen, Zeitungstischen und architektonischen Details aus dem Historismus ist eine angenehme Grundlage für stundenlanges Verweilen mit Lektüre und Gesprächen.

Ein Beispiel aus dem Bereich der darstellenden Kunst sind die Passionsspiele in Erl, einer Gemeinde in Tirol, die in einem Zyklus von sechs Jahren bereits seit 400 Jahren stattfinden. Fast die Hälfte der 1450 Einwohner dieser Ortschaft wirkt an den christlichen Osterspielen mit.
Aus dem Bereich der Praktiken im Umgang mit der Natur gibt es ein eindrucksvolles Exempel aus Österreich: Die in mehreren Ländern, in denen Schafzucht betrieben wird, etablierte Transhumanz, also das Weiterziehen mit der Schafherde im Rhythmus der Jahreszeiten, beruht auf alten Weiderechten und wird auch in Österreich praktiziert. Hier ist sie jedoch die einzige grenzen- und sogar klimazonenüberschreitende Transhumanz in den Alpen, da sie auch über Gletscher führt. Etwa 5000 bis 5500 Schafe werden im Frühjahr in die Ötztaler Almgebiete und im Herbst wieder zurückgetrieben.

Übereinstimmung: 1, 2

1 b) Lösung

2.	3.	4.	5.	6.	7.	8.	9.	10.	11.	12.	13.	14.
c	*j*	*h*	*l*	*i*	*n*	*m*	*d*	*k*	*f*	*a*	*g*	*b*

▶ 28 **1 c) Beispielhafte Lösung**

Von der UNESCO als Weltkulturerbe ausgezeichnete Orte gibt es schon seit einigen Jahrzehnten, doch die Idee, Kulturformen der unterschiedlichsten Art als Immaterielles Weltkulturerbe anzuerkennen, ist neueren Datums. Die früher als Weltkulturerbe ausgezeichneten Stätten waren stark europazentriert, weshalb sich die Idee eines Verzeichnisses von Immateriellem Weltkulturerbe ursprünglich auf Asien und die indigenen Bevölkerungen konzentrierte. Im Laufe der Zeit wurde man sich jedoch bewusst, wie reich und schützenswert der Schatz an überlieferten Bräuchen, Ritualen, handwerklichen Fertigkeiten, Wissen um Natur und Umwelt, sprachlichen Ausdrucksformen und vielem mehr auch im europäischen Umfeld ist. Die identitätsstiftende Bedeutung dieser Kulturformen ist immens, die in der Weitergabe von Generation zu Generation lebendig bleiben und direkter Ausdruck des im Alltag verankerten Selbstverständnisses der betreffenden Gruppen oder Einzelpersonen sind.

Um die Aufnahme in das Bundesweite Verzeichnis des Immateriellen Weltkulturerbes kann sich jede Gruppe, Gemeinschaft oder Einzelperson bewerben, die ihr Wissen, Können oder eine ausgeübte Tradition für schützenswert hält. Dazu muss dies in einem online verfügbaren Formular beschrieben und von zwei Begleitschreiben unterstützt werden, die von sachkundigen Personen, unabhängig von der jeweiligen Gruppe, ausgestellt und mit den geltenden Richtlinien der UNESCO in Verbindung gebracht werden. In einem mehrstufigen Verfahren wird über die Aufnahme entschieden.

Beispielsweise wurde von Deutschland in Gemeinschaft mit Frankreich, Norwegen, Österreich und der Schweiz die Aufnahme des Bauhüttenwesens erfolgreich betrieben, was gut die Bewahrung handwerklichen Wissens und Könnens im europäischen Umfeld verkörpert. Als eine jahrhundertealte Tradition aus dem Umgang mit der Natur kann die Transhumanz gelten, die bis heute in Österreich durchgeführt wird. Hier werden im Rhythmus der Jahreszeiten über 5000 Schafe über die Alpen, sogar über Gletscher zu ihren Weidegebieten geführt. Mit den Erler Passionsspielen gibt es ein österreichisches Beispiel aus dem Bereich der darstellenden Kunst, tief verwurzelt im Alltag der Einwohner dieses Ortes, wo alle sechs Jahre unter Beteiligung fast der Hälfte der Dorfbewohner die christliche Passion zu Ostern auf die Bühne gebracht wird.

Die Liste der Bräuche, Rituale oder Traditionen ist lang, wie das Biikebrennen in Norddeutschland oder die Wiener Kaffeehauskultur, und sie macht einem klar, wie wichtig es ist, der Überlieferung Respekt entgegenzubringen, sie aber auch durch die Integration in unser modernes Leben lebendig zu erhalten. So ist es meiner Meinung nach eine der wichtigsten von der UNESCO aufgestellten Regeln, dass es sich um eine vitale, jedem offenstehende und fest mit dem Alltag der betreffenden Personen verbundene Kulturform handeln soll. Gerade die gelebte Tradition ist das verbindende Element in unserer Welt. Baudenkmäler sind beeindruckend und erzählen eine Geschichte, sind also auch wichtig und erhaltenswert, aber Bräuche, Rituale und Traditionen leben mit uns und bestimmen unseren Alltag sowie unsere Feiertage.

D

D2 Rituale – der Kompass im Leben

▶ 29 **2 a) Hören Sie den folgenden Podcast und kreuzen Sie die richtige Lösung an.**

1. Das Thema des Podcasts
   - ☒ ist die Bedeutung von Ritualen als Lebenshilfe.
   - ☐ sind ritualisierte Vorgänge im Privatleben, die zu Krisen führen können.
   - ☐ ist ein Interview mit dem Psychologen Winfried Greiner.

2. Rituale sind im Gegensatz zu Routinen
   - ☐ sinnentleerte Sätze.
   - ☐ schnelle und souveräne Ausführungen von gewohnten Aktionen.
   - ☐ sich ständig wiederholendes, gleichbleibendes Vorgehen.

3. Routinen helfen,
   - ☐ sich intensiv auf eine Tätigkeit zu konzentrieren.
   - ☐ einen Vorgang zu bewältigen, ohne darüber nachdenken zu müssen.
   - ☐ Zeit zum Nachdenken zu gewinnen.

4. Kinder erleben Rituale grundsätzlich als
   - ☐ starres und einengendes Konzept.
   - ☐ liebevolle Zuwendung.
   - ☐ vorhersehbare Handlungen, die ein Gefühl von Geborgenheit geben.

5. Für die Gestaltung von Festtagen sind Rituale in erster Linie
   - ☐ eine große Hilfe, um die Feiern nicht jedes Mal aufs Neue kreieren zu müssen.
   - ☐ eine Verhinderung neuer Handlungsmöglichkeiten.
   - ☐ große Stressfaktoren.

6. An Weihnachten kommt es in den Familien oft zu Streit, weil
   - ☐ die Situation außer Kontrolle gerät.
   - ☐ der Prozess der Anpassung der ausgeübten Rituale an die Lebensrealität nicht für alle Beteiligten zufriedenstellend gelingt.
   - ☐ jeder der Beteiligten Sehnsucht nach seinen Kindertagen mitbringt.

7. In den Übergangsphasen im Leben
   - ☐ verlieren die Menschen den Bezug zu ihren Ritualen.
   - ☐ haben die Menschen keine Möglichkeiten, ihren Emotionen Ausdruck zu verleihen.
   - ☐ sind die Menschen unsicher und orientierungslos.

8. Die heilsame Wirkung von Ritualen wird offensichtlich,
   - ☐ wenn es um die Bewältigung von großen Schmerzen geht.
   - ☐ wenn man die Studien von Ethnologen über Initiationsrituale liest.
   - ☐ wenn man mit der Trauer um einen nahestehenden Menschen konfrontiert wird.

9. Bestattungsrituale sind Übergangsriten,
   - ☐ da der Tod in den meisten Kulturen als Übergang in eine andere Existenzform empfunden wird.
   - ☐ da man sich heutzutage mit den traditionellen Bestattungsformen auseinandersetzt.
   - ☐ die den Hinterbliebenen ein Gefühl von Machtlosigkeit vermitteln.

10. In den mobilen und pluralistischen Gesellschaften von heute
   - ☐ werden alle überlieferten Rituale als sinnentleert empfunden.
   - ☐ kann alle soziokulturelle Veränderung den überlieferten Ritualen bei Bestattungen nichts anhaben.
   - ☐ finden individuelle und säkulare Bestrebungen auch in der Suche nach alternativen Bestattungsriten ihren Ausdruck.

2 b) Ergänzen Sie die Sätze mit den Wörtern aus dem Kasten in der richtigen Form.

~~abgegriffen~~ • jäh • widerfahren • zaghaft • einblenden • Kinderkram • bestreiten • Schattendasein • nicht minder

1. Wer zu viele *abgegriffene* Phrasen benützt, wirkt nicht sehr glaubwürdig.
2. Gerade an den spannendsten Stellen wird in einem Film Werbung ____________________.
3. Heranwachsende wollen ernst genommen werden und versuchen oft krampfhaft, sich von sogenanntem ____________________ zu distanzieren.

4. Durch den Stromausfall fand die Vorführung ein ____________________ Ende.
5. Der Praktikant klopfte so ____________________ an die Tür seines Vorgesetzten, dass er nicht gehört wurde.
6. Im Leben kann einem so einiges ____________________, was man sich niemals hätte vorstellen können.
7. Neben seiner berühmten Schwester führte er ein ____________________, obwohl auch er ein begabter Cellist war.
8. Sämtliche Ausgaben für den Umzug der Firma wurden von dem Konto der Zentrale ____________________.
9. Es zeigt sich, dass der neue Parteivorsitzende ______________________________ ehrgeizig ist als seine Vorgängerin.

2 c) Jetzt sind Sie dran. Sie besuchen ein Seminar mit dem Titel „Aspekte soziokultureller Veränderungen in der heutigen Gesellschaft“ und sollen einen etwa 5-minütigen Kurzvortrag zum Thema „Rituale“ halten. Gehen Sie auf die folgenden Standpunkte ein, argumentieren Sie auf der Basis des Podcasts und führen Sie Beispiele an. Kommen Sie am Ende zu einer begründeten Schlussaussage.

1. Rituale sind in jedem kulturellen Kontext eine unverzichtbare Orientierungshilfe.
2. Gemeinsame Rituale festigen das Zusammengehörigkeitsgefühl einer jeden Gemeinschaft.
3. Der Großteil der überlieferten Rituale wird unserer Lebenswirklichkeit nicht mehr gerecht und behindert eine freie Entfaltung des Individuums von Kindheit an.

▶ 29 2 a) Text und Lösung

Guten Morgen, liebe Hörerinnen und Hörer!

Haben Sie schon Ihre allmorgendliche Tasse Tee zubereitet und sitzen nun, wie vielleicht jeden Samstagmorgen, auf Ihrem Sofa, um selbigen zu schlürfen und dabei meinem Podcast „Frühe Gedanken“ zu lauschen? Falls dies so ist, sind wir schon mitten im Thema! Denn ich möchte Ihnen heute davon erzählen, wie unser Leben von Ritualen begleitet wird, zum Teil unmerklich, weil so alltäglich, zum Teil ungeliebt, weil als zu starr empfunden, und zum Teil unverzichtbar, als große Hilfe in krisenhaften Situationen. So werden wir einige Beispiele beleuchten von ritualisierten Vorgängen im Privatleben und schließlich auf die sogenannten Übergangsriten eingehen, die häufig mit Krisensituationen zusammenhängen. Dabei werden wir besonders die große Bedeutung der Rituale bei der Bewältigung der existenziellen Erfahrung von Sterben und Tod hervorheben. Auch konnte ich einen Experten zum Interview gewinnen, den renommierten Psychologen Winfried Greiner, der mich auf den aktuellen Wissensstand der Forschung zu diesem Thema gebracht hat, den ich Ihnen heute näherbringen möchte. Von dem Interview werde ich die interessantesten Passagen einblenden.

„Guten Morgen, wie geht's, gut geschlafen?" Ich wette, 90 Prozent unserer Hörerinnen und Hörer bekommen diesen Satz am Morgen zu hören oder sprechen ihn selbst aus. Ist das nun schon ein Ritual, oder sind wir hier bei einer Routine? Ein Blick in den Duden hilft uns weiter: Hier steht, eine Routine sei eine „durch längere Erfahrung erworbene Fähigkeit, eine bestimmte Tätigkeit sehr sicher, schnell und überlegen auszuführen"[1], während es sich bei einem Ritual um ein „wiederholtes, immer gleichbleibendes, regelmäßiges Vorgehen nach einer festgelegten Ordnung"[2] handele. Um auf unser Beispiel zurückzukommen hieße das, wenn der erwähnte Satz damit verbunden ist, im romantischen Idealfall der oder dem Liebsten eine Tasse Tee ans Bett zu bringen und ihr oder ihm einen Kuss auf die Stirn zu hauchen, wäre das Ritual komplett. Ohne diese lobenswerten Begleiterscheinungen bleibt es bei der eher routiniert ausgesprochenen Frage. Da es gerade so erhellend ist, den Duden zu wälzen, suche ich auch noch nach der Abgrenzung zum Klischee: Dieses sei eine „unschöpferische Nachbildung"[3], also eher eine abgegriffene Redensart. Ins tägliche Leben übersetzt heißt das, wenn der Sprecher oder die Sprecherin keine Antwort abwartet, sondern nach der morgendlichen Floskel sofort von der dringend abzugebenden Steuererklärung anfängt, handelt es sich eher um ein Klischee, wenn hingegen die Klage über eine unruhig verbrachte Nacht mitfühlend aufgenommen wird, sind wir bei der Routine geblieben.

Wie hilfreich solche Routinen sein können, auch wenn sie nur rein sprachlicher Natur sind, wird jedem klar, der einmal erste zaghafte und unsichere Schritte in einer Fremdsprache gegangen ist. Mit dem „Guten Tag! Ich hätte gern fünf Brötchen. Danke. Auf Wiedersehen." lässt sich bereits die gesamte Situation eines Einkaufs beim Bäcker bestreiten, ohne groß darüber nachdenken zu müssen, was hier wohl auf einen zukommt. Und es ist auch keineswegs verwunderlich, wenn viele Menschen von sich behaupten, dass sie gern bügeln, abwaschen, längere Autofahrten unternehmen oder den Garten umgraben: Denn dies sind derart routinierte Tätigkeiten, dass man in der Regel nicht mehr darüber nachdenken oder sich besonders konzentrieren muss, sondern dabei Zeit hat, seinen Gedanken freien Lauf zu lassen. Meditation auf der Autobahn ist zwar nichts, was ich an dieser Stelle empfehlen möchte, aber Sie verstehen sicherlich, was ich meine. Nun aber zu tatsächlichen Ritualen, also dem, wie wir gelernt haben, gleichbleibenden Vorgehen nach festgelegter Ordnung. An dieser Stelle möchte ich nun

[1] www.duden.de/rechtschreibung/Routine
[2] www.duden.de/rechtschreibung/Ritual
[3] www.duden.de/rechtschreibung/Klischee

Winfried Greiner zu Wort kommen lassen, der die im Alltag und im familiären Bereich ausgeübten Rituale anschaulich beschrieben hat:

Jedes Lebensumfeld, die Familie, die Arbeit, freundschaftliche Beziehungen oder Vereinsleben und so weiter, sind von Ritualen geprägt, oftmals einfach nur als liebgewordene Gewohnheiten empfunden, die einem nicht nur Struktur geben, sondern auch das Gefühl von Geborgenheit und Schutz vermitteln. Wenn bestimmte Handlungen vorhersehbar sind und immer wiederkehren, werden sie ins Weltbild integriert und akzeptiert. Das beginnt bereits in frühester Kindheit, wenn zum Beispiel die Gute-Nacht-Geschichte die Nacht einläutet und beim Kind zu der Einsicht führt, dass nun das Schlafen an der Reihe ist. Oder das morgendliche und abendliche Zähneputzen, bestimmte Rituale bei Tisch, bevor alle gemeinsam beginnen zu essen – es gibt unzählige Beispiele. Natürlich muss ein Ritual mit liebevoller Zuwendung verbunden sein, damit es als positiv erlebt werden kann. Starr übernommene Rituale, ohne Bezug zur gelebten Realität, sind eher kontraproduktiv und sollten überdacht und angepasst werden. Gerade Kinder wachsen nicht nur aus ihren Schuhen, sondern auch aus so manchen Familienritualen heraus, und dem sollte Rechnung getragen werden. Die wichtigste Bedeutung von Ritualen ist, dass sie uns Orientierung geben. Wir sehen uns im Leben einer Unzahl an Handlungsmöglichkeiten gegenüber. Es würde uns völlig überfordern, sollte man uns abverlangen, stets und ständig neue Entscheidungen zu treffen. So kann es durchaus hilfreich sein, wenn man sich zur Gestaltung des Sonntagabends nichts Besonderes überlegen muss, da sowieso der Tatort-Krimi auf dem Programm steht. In größeren Zeitabschnitten gedacht, strukturieren die Rituale auch das Jahr, so wie Geburtstagsfeiern, Hochzeitstage, Weihnachten oder Ostern. Diese Tage wären nur leere Daten im Kalender, würden sie nicht mit Ritualen gefüllt, auf die man sich im günstigsten Fall freuen kann. Und die Sicherheit, dass feste Abläufe quasi blind zu erfüllen sind, nimmt den Stress, jedes Mal aufs Neue zu gestalten und dem Ereignis eine gebührende Bedeutung zu verleihen.

Ja, nach diesen anschaulichen Worten von Herrn Greiner wusste ich plötzlich, warum mir bis heute das Glöckchen fehlt, dessen zartes Klingeln mir als Kind erlaubte, das Weihnachtszimmer zur Bescherung zu betreten ... Bleiben wir doch gleich einmal bei Weihnachten – weshalb führt dieses besinnliche Fest in so vielen Familien zu Stress und Streit? In unserem Kontext finden wir die Lösung dieses Rätsels: Wird auch nur ein Ritual verändert, droht Kontrollverlust, und es kommt Stress auf. Allerdings wird dies von den einzelnen Mitwirkenden des großen Weihnachts-Projekts unterschiedlich empfunden. Was für den einen unverzichtbar zu Weihnachten gehört – zum Beispiel das besagte Glöckchen! –, ist für den anderen überflüssig, da aus der eigenen Kindheit unbekannt. Sind nun auch noch Heranwachsende an dem Projekt beteiligt, möchte der eine etwas als „Kinderkram" vielleicht hinter sich lassen, während der andere aus heimlicher Sehnsucht nach den Kindertagen noch insgeheim darauf hofft. Sie sehen, das von Herrn Greiner geforderte „Überdenken und Anpassen" von Ritualen kann durchaus ein schwieriger und schmerzhafter Prozess sein!

Und dies ist auch das Stichwort für die eigentlich herausragende Funktion von Ritualen – schwierige und schmerzhafte Prozesse im Leben zu erleichtern, die meist mit Übergängen oder Abschieden verbunden sind. Eine bislang festgefügte Ordnung löst sich auf, verliert ihre Gültigkeit. Das verunsichert, nimmt den Halt, führt zu Orientierungslosigkeit. Stehen für solche Situationen Rituale zur Verfügung, ersetzen sie den Ausdruck starker Gefühle, die sich andernfalls nur schwer in Worte fassen ließen. Der Schuleintritt wird vorbereitet, indem im Kindergarten eine große Schultüte gebastelt wird, um sie am ersten Schultag, gefüllt mit Süßigkeiten, im Arm zu halten – sicherlich eine Aktion, die die Trauer über das Ende eines Lebensabschnitts und die Furcht vor dem großen Unbekannten ein bisschen lindern hilft. So auch der Abiturstreich und der Abiball, zwei Abschiedsrituale, die so sehr alle Energie der Abiturienten bündeln, dass für Magenschmerzen aus Furcht davor, was denn nun kommen werde, nicht mehr viel Raum ist.

Zeitlich weniger scharf umrissen, doch umso bedeutungsvoller ist eine der wesentlichsten Übergangsphasen im Leben eines Menschen, nämlich der Eintritt ins Erwachsenenalter. Ganze Ethnologengenerationen haben in den verschiedensten ursprünglichen Stammesgemeinschaften ihre Studien durchgeführt, und ich verspreche Ihnen, diesem spannenden Thema eine eigene Sendung zu widmen, denn diese Initiationsrituale lassen sich bis in unsere Zeit heute verfolgen.

Zu einem essenziellen Bereich jedoch möchte ich noch einmal Winfried Greiner zu Wort kommen lassen. Ich wage zu behaupten, dass uns modernen Menschen in der Regel erst klar wird, wie unentbehrlich Rituale in ihrer heilsamen Wirkung tatsächlich sind, wenn einem der große Schmerz widerfährt, einen geliebten Menschen verloren zu haben. Das Sterben führt in unserer Gesellschaft ein Schattendasein, und so kann es durchaus vorkommen, dass man erst im fortgeschrittenen Erwachsenenalter mit einer Beerdigung und den mit ihr verbundenen Ritualen in Kontakt kommt.

Konfrontiert mit dem Tod, ist das Gefühl von Machtlosigkeit schier unerträglich. In dieser Situation ist ein ritueller Vollzug, der Struktur und Halt gibt, von größter Notwendigkeit. Durch die Ausführung festgelegter Zeremonien erfährt sich der Mensch wieder als handlungsfähig. Bestattungsrituale lassen sich bereits in der Steinzeit nachweisen und begleiten sämtliche menschlichen Kulturen. Je nach Kulturkreis und religiösem Hintergrund unterscheiden sich die Auffassungen vom Leben nach dem Tod, was zu den unterschiedlichen Bestattungsarten führt. Gemeinsam ist jedoch nahezu allen, dass der Tod als Übergang empfunden wird und damit die ihn begleitenden Rituale im engeren Sinne Übergangsriten sind, die dem Verstorbenen den Weg bereiten sollen in das nächste Leben oder die Ewigkeit. Nicht minder befinden sich auch die Hinterbliebenen in einer Übergangsphase, in der sie dringend der Unterstützung bedürfen. Ihr bisheriges Leben hat ein jähes Ende gefunden, und ein Leben ohne den verstorbenen Menschen übersteigt noch gänzlich ihre Vorstellungskraft. Rituale helfen, das Unbegreifliche langsam zu realisieren, Abschied zu nehmen und der Trauer Raum zu geben. Die Zeit des Trauerns wird durch ritualisierte Abläufe definiert, in der die Anforderungen des Alltags zurück-

stehen und die Gesellschaft den Trauernden gegenüber Toleranz aufbringt. In unserer Zeit kann man beobachten, dass sich soziokulturelle Veränderungen auch in der Bestattungskultur zeigen. Mobilität, Individualität und Säkularisierung einer pluralistischen Gesellschaft verlangen auch eine Auseinandersetzung mit den traditionellen Bestattungsformen.

Mit diesen nachdenklichen Worten entlasse ich Sie jetzt in Ihren wohlverdienten Samstag. Ich würde mich freuen, wenn es mir gelungen ist, Ihnen einen neuen und vielleicht auch neugierigen Blick zu vermitteln auf alles Altvertraute, das Sie umgibt, und es entweder neu wertzuschätzen oder als sinnentleert endgültig zu entsorgen.
Bis zum nächsten Mal!

2. Rituale sind im Gegensatz zu Routinen *sich ständig wiederholendes, gleichbleibendes Vorgehen.*
3. Routinen helfen, *einen Vorgang zu bewältigen, ohne darüber nachdenken zu müssen.*
4. Kinder erleben Rituale grundsätzlich als *vorhersehbare Handlungen, die ein Gefühl von Geborgenheit geben.*
5. Für die Gestaltung von Festtagen sind Rituale in erster Linie *eine große Hilfe, um die Feiern nicht jedes Mal aufs Neue kreieren zu müssen.*
6. An Weihnachten kommt es in den Familien oft zu Streit, weil *der Prozess der Anpassung an die Lebensrealität nicht für alle Beteiligten zufriedenstellend gelingt.*
7. In den Übergangsphasen im Leben *sind die Menschen unsicher und orientierungslos.*
8. Die heilsame Wirkung von Ritualen wird offensichtlich, *wenn man mit der Trauer um einen nahestehenden Menschen konfrontiert wird.*
9. Bestattungsrituale sind Übergangsriten, *da der Tod in den meisten Kulturen als Übergang in eine andere Existenzform empfunden wird.*
10. In den mobilen und pluralistischen Gesellschaften von heute *finden individuelle und säkulare Bestrebungen auch in der Suche nach alternativen Bestattungsriten ihren Ausdruck.*

2 b) Lösung

2. eingeblendet
3. Kinderkram
4. jähes
5. zaghaft
6. widerfahren
7. Schattendasein
8. bestritten
9. nicht minder

▶ 30 **2 c) Beispielhafte Lösung**

Sehr geehrte Damen und Herren, ich bedanke mich für Ihr Interesse an meinem Kurzvortrag zum Thema „Rituale" im Kontext unseres heutigen Seminars.

Vermutlich werden einige von Ihnen mit diesem Wort eher archaische Bilder assoziieren. Das entspricht jedoch nicht der Realität. Von Ritualen ist ein jeder von uns von Kindheit an umgeben, sei es als Ritual vor dem Einschlafen wie Gute-Nacht-Geschichte, Schlaflied, Gute-Nacht-Kuss, sei es als Ritual bei den Mahlzeiten mit der Vorgabe, wann mit dem Essen begonnen werden darf oder welche Worte davor und danach gesprochen werden, und vieles mehr. Rituale sind richtungsweisend und geben uns somit Struktur, Halt und das Gefühl von Schutz und Geborgenheit im Rahmen einer sozialen Gemeinschaft. Erlernt man einige Rituale oder auch nur sprachliche Routinen, wie jemand in einer bestimmten Kultur zu begrüßen oder zu verabschieden ist oder wie und von welchen Sätzen begleitet alltägliche Verrichtungen verlaufen, beginnt man, mit der entsprechenden Kultur vertraut zu werden und sich selbstständig darin zu bewegen. Beherrscht man dies nicht, ist das Gefühl von Fremdheit und Unbehagen groß. In jeder Lebenssituation sieht man sich mit einer Unmenge an Handlungsmöglichkeiten konfrontiert. Es würde einen gänzlich überfordern, müsste man jedes Mal nachdenken und dann entscheiden, wie zu agieren oder zu reagieren ist. Hier fungieren Rituale sowie auch Routinen als Orientierungshilfe.

Im selben Maß kann jedoch ein Ritual auch zur Abgrenzung nach außen instrumentalisiert werden und umgekehrt zu einem umso größeren Zusammengehörigkeitsgefühl führen. Das beginnt mit bestimmten Aufnahmeritualen in Schulen, an Universitäten, in Sportvereinen, betrifft aber genauso religiöse oder politische Vereinigungen oder, ganz allgemein ausgedrückt, jegliche Art von Vergesellschaftung, die ein gewisses Interesse daran hat, unter sich zu bleiben.

Daraus ergibt sich logisch die Frage, ob die Ausübung von Ritualen einer offenen und pluralistischen Gesellschaft noch gerecht wird. Ist ein Kind, das in einem starren Korsett von Regeln und Ritualen aufwächst, in der freien Entfaltung seiner Individualität behindert? Oder sind Gesellschaften, in denen Rituale einen hohen Stellenwert haben, weniger offen und tolerant? Hierzu gibt es verschiedene Meinungen. Zum einen sind Rituale nicht genug wertzuschätzen in ihrer Bedeutung für Orientierung, Struktur und Zusammenhalt, andererseits muss jedes tradierte Ritual auch lebendig und der Lebenswirklichkeit angepasst bleiben, um nicht zum sinnentleerten Klischee zu werden. Insofern ist ein ständiger Prozess sowohl vom Einzelnen als auch von der Gemeinschaft gefordert, sich mit all den Situationen, die von Ritualen geprägt sind, kritisch auseinanderzusetzen. Dabei können sie durchaus auch hinterfragt werden, ob sie den Anforderungen unserer heutigen Welt noch standhalten. Man sollte sich klarmachen, dass sich die Kulturen und Gesellschaften der Welt in einem ständigen Entwicklungsprozess befinden, der auch neue Rituale hervorbringt und Neuorientierungen möglich macht.

D3 Maskerade

3 a) Bei einem Gespräch in einer Studenten-WG (3b) fallen einige umgangssprachliche Ausdrücke und Wendungen, Redewendungen und karnevalsspezifische Wörter und Ausdrücke auf. Welche Worterklärungen passen? Ordnen Sie zu.

Umgangssprachliche Ausdrücke

1. sturztrunken
2. plumpe Anmache
3. Spaßbremse
4. abfeiern
5. sauteuer
6. die Kohle
7. krass/mega/geil
8. dieses Ding mit …

a) diese Angelegenheit von …
b) das Geld
c) Party machen, sich vergnügen
d) extrem, toll (Verstärkungen)
e) jmd., der einem die Freude verdirbt
f) schwer alkoholisiert
g) ungeschickt versuchen, mit jmd. einen Flirt zu beginnen
h) sehr kostspielig

1.	2.	3.	4.	5.	6.	7.	8.	9.	10.
f									

Redewendungen

1. jdm. den Kopf abreißen / jdm. die Meinung geigen
2. nicht alle Tassen im Schrank haben
3. es geht jdm. an den Kragen
4. sein Fett wegkriegen
5. jdm. die Leviten lesen
6. gute Miene zum bösen Spiel machen
7. der rote Faden zieht sich durch
8. ins Geld gehen

a) eine verdiente Strafe bekommen, wenigstens verspottet werden
b) jdn. beschimpfen, jdm. gründlich die Meinung sagen
c) das verbindende Motiv
d) jdn. ernst ermahnen, tadeln
e) jdn. ereilt sein Schicksal
f) sehr teuer seinl
g) seinen Ärger über etwas nicht zeigen
h) verrückt sein

1.	2.	3.	4.	5.	6.	7.	8.	9.
b								

Wörter und Ausdrücke im Kontext „Karneval"

1. grölen
2. der Schlager
3. die fünfte Jahreszeit
4. der übliche Trott
5. der Narr, die Narren
6. Aschermittwoch
7. seine Sünden büßen
8. die Obrigkeit
9. die Büttenrede
10. derblecken
11. der Anstich

a) Personen, die weltliche oder geistliche Herrschaft ausüben
b) erster Tag der Fastenzeit vor Ostern
c) eine im Dialekt gehaltene Rede auf einer Karnevalssitzung, oft in Reimform
d) bayrischer Begriff dafür, jdn. zu verspotten oder mit Humor zu kritisieren
e) laut und misstönend singen
f) ein immer gleicher Ablauf im Alltag
g) Event bei Volksfesten: (Meist) der Bürgermeister schlägt einen Hahn in ein Bierfass, füllt ein Glas und eröffnet damit das Fest.
h) für seine schlechten Taten eine Strafe auf sich nehmen
i) verkleidete, feiernde Karnevalisten (ursprünglich die Person, die im Mittelalter z. B. an Königshöfen als Spaßmacher auftrat und als Einziger die Wahrheit sagen durfte)
j) leicht eingängiges Musikstück, einfach mitzusingen
k) Synonym für Karnevalszeit als wichtige außergewöhnliche Phase im Jahresrhythmus

1.	2.	3.	4.	5.	6.	7.	8.	9.	10.	11.
e										

▶ 31 **3 b) Hella und Moritz leben in einer Studenten-WG in Köln. Moritz ist erst vor Kurzem aus Bayern hierhergezogen und erlebt seine erste Karnevalszeit in der neuen Umgebung. Hören Sie das folgende Gespräch zwischen Hella und Moritz und kreuzen Sie an: Wer sagt was? Hella, Moritz, beide oder keiner?**

	Hella	Moritz	keiner
1. Die Straßen sind überfüllt mit lauter verrückten Leuten.	☐	☒	☐
2. Im Rheinland ist es verpönt, den Karneval Fasching zu nennen.	☐	☐	☐
3. Es ist langweilig, wenn der Fasching in Bayern nur eine Nebenrolle spielt.	☐	☐	☐
4. Betrunkene, singende und flirtende Leute gehören einfach zum Karneval.	☐	☐	☐
5. Wenn man nicht die Fenster schließt, hört man ständig die Karnevalsmusik.	☐	☐	☐
6. Durch das Kostümieren kann man sich einmal ganz anders erleben.	☐	☐	☐
7. Wenn man in eine andere Rolle schlüpft, kann man auch mit seinen Ängsten konfrontiert werden.	☐	☐	☐
8. In der Karnevalszeit ist man morgens immer ausgeschlafen.	☐	☐	☐
9. Der Brauch, beim Karneval Konfetti zu werfen, stammt vermutlich aus dem alten Rom.	☐	☐	☐
10. Die Bezeichnungen für diese Zeit Anfang des Jahres hängen mit der christlichen Tradition des Fastens zusammen.	☐	☐	☐
11. Der Faschingsbeginn am 11. November ist verwirrend.	☐	☐	☐
12. Wenn man im Rheinland aufwächst, lernt man die Hintergründe der Karnevalstraditionen.	☐	☐	☐
13. Im Zusammenhang mit der Karnevals- und der Fastenzeit gibt es die Tradition der humorvoll geäußerten Kritik an der Obrigkeit.	☐	☐	☐
14. Brauchtum, das auf die vorchristliche Zeit zurückgeht, ist bestimmend für den Karneval im Rheinland.	☐	☐	☐
15. Sinn der Maskierung ist es, als Person unerkannt zu bleiben.	☐	☐	☐
16. Die Maskerade konnte zu bedrohlichen Situationen führen.	☐	☐	☐

3 c) Jetzt sind Sie dran. Fassen Sie die wesentlichen Inhalte des Gesprächs so zusammen, wie Sie es einer anderen Person mitteilen würden. Orientieren Sie sich dabei an den folgenden Punkten.

- Beweggründe für begeisterte Karneval-Feiernde
- Kritik am Karneval
- Geschichte des Karnevals
- Politischer Aspekt des Karnevals
- Bedeutung von Maskierung

▶ 31 3 b) Text und Lösung

Moritz: Boh ey, ich fass es nicht! Auf der Straße ist ja gar kein Durchkommen mehr! Sag mal, Hella, gibt's denn noch einen normalen Menschen hier in der Stadt?

Hella: Logisch, du redest gerade mit einem!

Moritz: Ein Glück! Als so einen Wahnsinn hab ich die Faschingszeit in Bayern nie erlebt.

Hella: Sag bloß nicht Fasching! Dafür wird dir hier gern mal der Kopf abgerissen ...

Moritz: Na toll, danke für die Warnung. Bei uns heißt das aber Fasching. Und du kannst feiern, wenn dir danach ist, aber es kann auch durchaus sein, dass du überhaupt nicht mitbekommst, dass Rosenmontag oder Faschingsdienstag ist, wenn du's nicht zufällig im Kalender entdeckst.

Hella: Ganz schön langweilig ...

Moritz: Das sehe ich nicht so. Wenn man nicht gerade auf sturztrunkene, grölende Menschenmassen und plumpe Anmache steht, hat man wenigstens die Chance zu entkommen. Den Eindruck habe ich hier nicht, außer, ich verbarrikadiere mich in meiner Wohnung! Die Fenster sollte man allerdings auch nicht öffnen, sonst wird man gleich mit diesen gruseligen Fasch- entschuldige! Karnevalsschlagern beschallt.

Hella: Ach, du bist eine echte Spaßbremse. Für mich ist das die herrliche fünfte Jahreszeit. Da kannst du völlig aus dem üblichen Trott rausfallen, ausgelassen sein, abfeiern, allen Alltagsmist vergessen, in verschiedene Rollen schlüpfen, tun und lassen, was auch immer du willst – das ist doch genial!

Moritz: Hm. In einem sauteuren Kostüm! Und draußen ist es so eisig, dass du deinen Wintermantel drüberziehen musst und niemand sieht, was dich so viel Kohle gekostet hat!

Hella: Ach was, mit ein bisschen Fantasie und Kreativität brauchst du doch kein Geld auszugeben. Und du kannst mal so richtig krass schick aussehen, wann gibt's denn das sonst? Oder als Avocado durch die Gegend rennen! Da gibt's im Internet so ein megalustiges Bild vom Carneval in Rio, das muss ich dir mal zeigen.

Moritz: Komm, Hella, mal im Ernst: Welcher Mensch, der einigermaßen alle Tassen im Schrank hat, verspürt denn plötzlich den unbezähmbaren Drang, eine Avocado sein zu wollen?

Hella: Darum geht's doch gar nicht. Sinn und Zweck des Ganzen ist, sein gewohntes Ego mit all den eingefahrenen Gewohnheiten, verinnerlichten Regeln und vielleicht auch Ängsten abzulegen und sich einmal im Jahr ganz anders zu erleben. Für mich ist das wie eine Frischzellenkur für die Persönlichkeit oder ein Durchlüften meiner Seele!

Moritz: Ehrlich gesagt, nach Frischzellenkur hast du heute früh nicht ausgesehen!

Hella: Ich mein ja nur so – bildlich gesprochen!

Moritz: Ich versteh schon. Aber das ist schwer nachzuvollziehen. Irgendwie erinnert mich das an meinen Lateinunterricht damals im Gymnasium. Da haben wir was über die Saturnalien im Alten Rom gelernt, also die Tage, an denen die Sklaven sich wie die Herren benehmen durften und alle zusammen geschlemmt und sich betrunken haben. Besonders witzig fand ich, dass sie sich dabei angeblich mit kleinen Rosen überschüttet haben. Das war wahrscheinlich der Vorläufer vom Konfetti! Diese Tage waren damals wie ein Ventil für die übrige Zeit der Unterdrückung.

Hella: Ja, das Prinzip ist wohl immer dasselbe. Ein paar Tage alles dürfen, damit man danach wieder brav ist. Ich habe mich auch mal damit beschäftigt, woher Karneval, Fasching, Fastnacht, Fasnacht oder wie das überall so heißt, eigentlich kommt. Meistens wird es mit der Fastenzeit vor Ostern in Verbindung gebracht. Die Menschen wollten es nochmal so richtig krachen lassen, bevor sie 40 Tage lang auf alles verzichten sollten. Die Erklärung, dass das Wort Karneval vom lateinischen „carne vale", also „Fleisch, leb wohl!" kommt, fand ich sehr einleuchtend. Von „Fasten" zu „Fastnacht", „Fasnacht" und „Fasching" ist auch kein weiter Weg.

Moritz: Stimmt, davon hatte ich auch mal irgendwo gelesen. Und dass es vor Weihnachten früher auch eine Fastenzeit gab, deshalb dieser angebliche Faschingsbeginn am 11.11. um 11.11 Uhr! Das hatte mich schon als Kind komplett verwirrt. Bis heute weiß ich nicht, was das mit diesem seltsamen Zeitpunkt auf sich hat und woher diese Ansammlung von 11en kommt.

Hella: Da kann ich dir weiterhelfen. Du siehst, wir Kinder aus dem Rheinland lernen schon in der Grundschule alles Mögliche, was mit Karneval zu tun hat! Im Mittelalter war die 11 die symbolische Zahl für die Narrenzeit. Die 1 steht neben der 1, was heißen soll, alle Narren sind gleich, egal, wo sie im „richtigen Leben" stehen. Deshalb findest du diese Zahl überall, die Umzüge beginnen elf Minuten nach der vollen Stunde, es gibt bei den Karnevalssitzungen elf Vorsitzende und so weiter. Für die Kirche war die 11 aber auch die Teufelszahl, die Zahl der Sünde. Passt jetzt thematisch auch nicht so schlecht zur Karnevalszeit. Nicht umsonst gehen viele am Aschermittwoch in die Kirche, um ihre Sünden zu büßen!

Moritz: Aber diese Umzüge und Karnevalssitzungen, die sind doch eigentlich hauptsächlich politisch?

Hella: Hier im Rheinland auf jeden Fall. Im Karneval ging's schon immer jeder Obrigkeit an den Kragen, die französischen Besatzer wurden verspottet, die Preußen, die Oberhäupter der Kirche – jeder kriegte und kriegt sein Fett weg – bis heute! Und kein Politiker lässt es sich entgehen, bei den Büttenreden dabei zu sein und zumindest so zu tun, als könne er über sich selbst lachen.

Moritz: Das ist wie bei uns das „Derblecken" am Nockherberg, zum Starkbieranstich. Das Starkbier soll über die Fastenzeit helfen ...

Hella: Wahrlich asketisch!

Moritz: Na ja, alte Tradition der Mönche! Aber das „Derblecken" ist auch ein politisches Großereignis in Bayern. Da werden den Politikern in einer Fastenpredigt die Leviten gelesen, und sie können sich in der Kunst üben, gute Miene zum bösen Spiel zu machen. Und das Volk hat zumindest das Gefühl, den Herren und Damen „da oben" mal die Meinung gegeigt zu haben.

Hella: Ventilfunktion!

Moritz: Genau. Aber du, sag mal, solche uralten Traditionen wie bei uns im Süden gibt es bei euch hier oben nicht, oder? Diese Fasnacht mit immer gleichen Masken und festen Regeln wie in Tirol oder bei der schwäbisch-alemannischen Fastnacht. Das hat seinen Ursprung in heidnischen Ritualen, dieses Ding mit „Winter vertreiben und die Erdgeister wecken", damit es ein fruchtbares Jahr wird.

Hella: Nein, das ist wirklich was ganz anderes. Außer der Tatsache, dass Menschen eine Maske aufsetzen, um es mit etwas Übermächtigem aufzunehmen – eigentlich ein roter Faden, der sich durch alle Jahrhunderte zieht. Mit der Maskerade fühlt man sich nicht mehr irgendwelchen Mächten ausgeliefert, sondern wird zum Handelnden!

Moritz: Starker Gedanke. Das passt auch zum venezianischen Karneval. Als ich mal in Venedig war, hab ich im Reiseführer gelesen, dass diese typischen Masken aus der Renaissance stammen. In dieser Zeit waren die Maskenbälle die einzige Möglichkeit, außerhalb der starren Gesellschaftsordnung zu agieren und sich jedem zu nähern, unabhängig von Stand und Geschlecht – und eben unerkannt!

Hella: Echt ein gefährliches Spiel.

Moritz: Gefährlich war es wirklich! Im 18. Jahrhundert gab es tatsächlich ein Gesetz, das erlaubte, zur Karnevalszeit auf den Straßen Waffen zu tragen, um sich gegen gefährliche Maskierte wehren zu können!

Hella: Hm, ich hab da so eine Idee. Das wäre doch echt mal geil, mich mit einer venezianischen Maske zu verkleiden! Die schönen gehen allerdings wirklich ins Geld. Doch man braucht sie wenigstens nicht unterm Wintermantel zu verstecken, wie du vorhin meintest.

Moritz: Immerhin ein Vorteil. Ich seh schon, morgen werde ich alleine in der Wohnung sein.

Hella: Und wenn du doch mitkommst? So eine Art Landeskunde für Neuankömmlinge?

Moritz: Ach du, lass man gut sein. Da brauche ich noch ein Jahr mentale Vorbereitung. Aber viel Spaß, und pass auf dich auf!

Umgangssprachliche Ausdrücke:

2.: *g*	4.: *c*	6.: *b*	8.: *a*
3.: *e*	5.: *h*	7.: *d*	

Redewendungen:

2.: *h*	4.: *a*	6.: *g*	8.: *f*
3.: *e*	5.: *d*	7.: *c*	

Wörter und Ausdrücke im Kontext „Karneval":

2.: *j*	4.: *f*	6.: *b*	8.: *a*	10.: *d*
3.: *k*	5.: *i*	7.: *h*	9.: *c*	11.: *g*

3 b)

Hella: 2., 3., 6., 10., 12., 13., 15.; Moritz: 5., 9., 11., 13., 15., 16.; keiner: 4., 7., 8., 14.

▶ 32 **3 c) Beispielhafte Lösung**

Die Karnevalszeit polarisiert, denn so, wie es begeisterte Anhänger der fünften Jahreszeit gibt, so gibt es auch die anderen, die damit gar nichts anfangen können. Das Feiern am Limit und sich vom gewohnten Alltag lösen können, das gilt für viele als verlockend. Dabei schlüpfen sie in andere Rollen, probieren sich als unterschiedliche Persönlichkeiten aus und genießen es, sich selbst als jemand ganz anderen zu erleben.

Mit dieser Sichtweise können wiederum andere gar nichts anfangen. Sie sehen nur den übermäßigen Alkoholgenuss, die Menschenansammlungen und die laute und wenig anspruchsvolle Musik. Weder verspüren sie den Drang, sich zu verkleiden, empfinden es sogar eher als peinlich, noch können sie die oftmals lockeren Sitten akzeptieren.

Schon immer waren die Tage der verkehrten Welt gedacht als Chance für das Volk, einmal aus allen festen Regeln auszubrechen und die Obrigkeiten zu verspotten. Dies sollte den Effekt eines Ventils haben und die Menschen danach wieder umso williger in ihren Alltag zurückkehren lassen. In dieser Tradition ist auch der politische Aspekt am heutigen Karneval zu sehen, der sich im Rheinland zum Beispiel in den Büttenreden ausdrückt oder in Bayern im alljährlichen „Derblecken“ der Politikerinnen und Politiker.

Diese Art mit etwas umzugehen, das als übermächtig wahrgenommen wird, lässt sich auch in den Bräuchen festmachen, die noch auf vorchristliche Zeiten zurückgehen. Sie leben besonders im Süden, in schwäbisch-alemannischen Regionen und in Tirol weiter. Bei Umzügen werden bestimmte Masken getragen und damit der Winter vertrieben und die fruchtbarkeitsbringenden Erdgeister geweckt.

Das heute bekannteste Maskenfest ist der venezianische Karneval, der seinen Ursprung in der Zeit der Renaissance hat. Zu dieser Zeit war die Maskerade die einzige Gelegenheit, aus der festen Gesellschaftsordnung auszubrechen und sich unerkannt auszuleben.

E Kunst

E1 Auf Raubzügen

▶ 33 **1 a) In einer Fernsehsendung werden interessante Neuerscheinungen auf dem Buchmarkt vorgestellt. Der Moderator hat Isabel Keller eingeladen, Autorin des Buches „Kunst und Kultur als Beute". Worüber spricht die Autorin? Hören Sie und kreuzen Sie an. Es treffen mehrere Punkte zu.**

1. ☒ über die schwerwiegenden Konsequenzen von Kunstraub
2. ☐ über die verschiedenen Schwerpunkte ihres Studiums
3. ☐ über die Problematik einer infolge von Kunstraub schwer zu durchschauenden Situation
4. ☐ über das langsam wachsende Interesse an der Provenienz von Kunstgegenständen
5. ☐ über die Ankaufsbedingungen der in Völkerkundemuseen und ethnologischen Sammlungen ausgestellten Objekte
6. ☐ über die Restitutionsverhandlungen mit afrikanischen Staaten, die koloniale Beutekunst betreffend
7. ☐ über einige Fälle von Kunstraub aus verschiedenen Phasen der Geschichte
8. ☐ über den Unterschied zwischen Beutekunst und Raubkunst
9. ☐ über Restitution nach dem Zweiten Weltkrieg
10. ☐ über eine für alle Staaten der Welt verbindliche völkerrechtliche Regelung zum Schutz von Kulturgütern

▶ 33 **1 b) Hören Sie das Interview noch einmal und kreuzen Sie die richtige Lösung an.**

1. Laut der Autorin des Buches „Kunst und Kultur als Beute“
   - ☒ wurden in einer kriegerischen Auseinandersetzung Kulturgüter gestohlen, um den Gegner zu demütigen und sich zu bereichern.
   - ☐ konnte sie sich während ihres Studiums einen Überblick über das Thema Beutekunst verschaffen.
   - ☐ ist es unmöglich, die unterschiedlichen Interessenslagen um das Thema Beutekunst herum zu durchschauen.

2. Weshalb steigt das öffentliche Interesse an der Provenienz von Kunstgegenständen?
   - ☐ Weil es ein neuer Trend in den Museen ist, die Herkunftsgeschichte der Objekte zu beschreiben.
   - ☐ Weil es besonders bei der jungen Generation von heute ein ausgeprägtes Geschichtsbewusstsein gibt.
   - ☐ Weil die Dimension der globalen Vernetzung im öffentlichen Bewusstsein angekommen ist.

3. Die europäischen Völkerkundemuseen und ethnologischen Sammlungen
   - ☐ haben alle im Zuge des Kolonialismus angeeignete Objekte ausgestellt.
   - ☐ verfolgten das Ziel, die fremdartige Welt zu zeigen und gleichzeitig eine zivilisatorische Dominanz zu demonstrieren.
   - ☐ haben die Kunstschätze in den Kolonien für viel Geld eingekauft.

4. Welcher Problematik sieht sich die Restitution der kolonialen Beutekunst gegenüber?
   - ☐ Bei erfolgter Restitution müssten alle europäischen Museen geschlossen werden.
   - ☐ Die Nachfahren der damaligen Herrscherhäuser können sich nicht einigen.
   - ☐ Häufig ist unklar, an wen die Rückgabe erfolgen soll.

5. Beutekunst ist ein Phänomen der gesamten Weltgeschichte,
   - ☐ und ist häufig mit starker Symbolkraft versehen.
   - ☐ so wie auch die Schätze des Hradschin ursprünglich aus Schweden stammen.
   - ☐ weshalb beispielsweise weder die „Pferde von San Marco“ noch die Quadriga auf dem Brandenburger Tor an ihrem Ursprungsort stehen.

6. Weshalb hat man für die Zeit des Nationalsozialismus den Begriff der Raubkunst geprägt?
   - ☐ Als Bezeichnung für Beutekunst im Zweiten Weltkrieg.
   - ☐ Als Bezeichnung für eine andere Art von Beutekunst, da die Kunstobjekte zuerst nicht im Kontext eines Krieges und außerdem nur den aus ideologischen Gründen verfolgten Deutschen geraubt wurden.
   - ☐ Als Bezeichnung für den Kunstraub, der in den besetzten Gebieten stattgefunden hat.

7. Kunstraub, der während des Zweiten Weltkriegs stattgefunden hat,
   - ☐ ist inzwischen fast gänzlich restituiert.
   - ☐ ist bis heute das Thema, das die Beziehungen zwischen den ehemaligen Alliierten und Deutschland am meisten belastet.
   - ☐ ist nach wie vor in einem Prozess der Restitution begriffen.

8. Die „Haager Konvention zum Schutz von Kulturgut bei bewaffneten Konflikten" ...
   - ☐ wurde 1999 abgeschlossen.
   - ☐ schützt weltweit alles Kulturgut vor Zerstörung, Beschädigung oder Raub.
   - ☐ ist der Versuch einer völkerrechtlichen Regelung, die bereits mehr als 100 Länder unterzeichnet haben.

1 c) Ergänzen Sie die Sätze mit den Wörtern aus dem Kasten in der richtigen Form.

Narrativ • sich speisen • verbrämen • Federführung • wahren • Beschlagnahmung • ~~Verstrickungen~~ • preisgeben • betrauen • verbringen • beharren

1. Die kriegsbedingte Entwendung von Kulturgütern führt zu Verstrickungen, die im Laufe der Zeit im Sinne einer relationalen Ethik immer schwieriger zu lösen sind.
2. Es ist Unrecht, auf dem Besitz illegal angeeigneter Objekte zu ________________.
3. Die Forderung, bei ausgestellten Objekten auch die Provenienz der Öffentlichkeit ________________, ist eine neuere Entwicklung.
4. Der Großteil des Bestands der Völkerkundemuseen in Europa ________________ aus Objekten von Territorien, die der jeweiligen Besatzungsmacht nicht gehörten.
5. Mancher bewusst vorgenommene Betrug wurde später als „legal erworben" ________________.
6. Der Tausch wertloser Glasperlen gegen die Goldschätze indigener Völker ist zum ________________ geworden.
7. Manche Museen scheuen die Wahrheit und ________________ lieber die Fassade.

8. In der Rechtswissenschaft wird Beutekunst als „kriegsbedingt ______________________ Güter" bezeichnet.
9. Der ______________________ hauptsächlich jüdischen Vermögens sollte durch diverse Gesetze eine Scheinlegalität verliehen werden.
10. Es gibt Vereinbarungen unter der ______________________ der Vereinten Nationen.
11. Mit der internationalen Koordination ist „Blue Shield International" ______________________.

1 d) Jetzt sind Sie dran. Sie haben als Lehrkraft an einer Schule ein fächerübergreifendes Projekt zum Thema „Raub- und Beutekunst" organisiert und halten im Lehrerkollegium einen einleitenden Kurzvortrag von 3 bis 5 Minuten. Gehen Sie dabei auf die folgenden Thesen ein und belegen Sie Ihre Argumente durch einige Beispiele.

Kunst ist die Identitätsquelle eines Volkes, weshalb der Zugang zu den eigenen Kunstwerken jederzeit möglich sein muss.

Restitution kann aufgrund der Vielschichtigkeit der Interessenslagen und der veränderten politischen Gegebenheiten kaum mehr als eine Absichtserklärung sein.

„Schädigung von Kulturgut, gleichgültig welchem Volk es gehört, bedeutet eine Schädigung des kulturellen Erbes der ganzen Menschheit, weil jedes Volk seinen Beitrag zur Kultur der Welt leistet." (aus der Präambel der Haager Konvention)

▶ 33 1 a) Text und Lösung

Moderator: Guten Abend, liebe Hörerinnen und Hörer, herzlich willkommen in unserer Sendung „Buchmarkt aktuell". Heute Abend möchte ich Ihnen ein besonders beeindruckendes Buch vorstellen, *Kunst und Kultur als Beute* von Isabel Keller. Die Autorin hat sehr gründlich recherchiert und anschaulich und empathisch geschildert, wie wesentlich es leider schon immer für die Unterwerfung und Beherrschung eines Landes oder bestimmter Bevölkerungsgruppen war, deren Kunstwerke und Kulturgut zu entwenden. Was für weitreichende Folgen das hat, bis hinein in die aktuelle politische Diskussion, werden wir heute Abend hören. Frau Keller, Ihnen auch ein herzliches Willkommen. Schön, dass Sie meiner Einladung gefolgt sind.

I. Keller: Vielen Dank für die nette Einladung und guten Abend!

Moderator: Eins darf ich unserem Publikum gleich verraten, denn das hat mich bei unserem Vorgespräch schwer beeindruckt: Sie haben nahezu zehn Jahre an diesem Buch gearbeitet?

I. Keller: Das ist teilweise richtig. Ich würde sagen, nicht konkret an diesem Buch, aber an dieser Thematik, die mich seit meinem Studium und somit schon seit ein paar Jahrzehnten nicht mehr losgelassen hat.

Moderator: Könnten Sie kurz zusammenfassen, welcher Aspekt an diesem facettenreichen und schwer fassbaren, weil so vielschichtigen Thema Sie hauptsächlich fasziniert?

I. Keller: Eigentlich haben Sie das in Ihren einleitenden Worten bereits dargestellt: Wenn Kulturgüter in einem Krieg oder einer kriegsähnlichen Situation widerrechtlich entwendet werden, zur Demütigung des Gegners oder auch zur eigenen Bereicherung, führt das zu Verstrickungen, die im Laufe der Zeit im Sinne einer relationalen Ethik, also einem aufrichtigen Miteinander auf Augenhöhe, immer schwieriger zu lösen sind. Diese Vielschichtigkeit aus Staatsinteresse, Rolle der Museen, Familiengeschichten, persönlichen Schicksalen, gesetzlichen Regelungen, bilateralen Vereinbarungen und so weiter – die Auflistung ist sicherlich nicht vollständig – erklärt, weshalb es Jahre dauern kann, bis man sich annähernd einen Überblick über dieses Thema verschafft hat.

Moderator: Sie erwähnen in Ihrem Buch, dass das Bewusstsein für die Herkunft von Kulturgütern beziehungsweise das Problembewusstsein für das Unrecht, auf dem Besitz illegal angeeigneter Objekte zu beharren, sich erst in jüngster Zeit entwickelt hat.

I. Keller: Das ist jetzt so sehr absolut ausgedrückt, aber auf jeden Fall steigt das Problembewusstsein in dem Maße, in dem das Ausmaß der globalen Vernetzung erkannt wird. Hinzu kommt, dass gerade die junge Generation heute häufiger nach der Herkunft von Dingen fragt, auch bei Kleidung oder Nahrung, was vor einigen Jahrzehnten noch nicht so verbreitet war. Lange hat man den Nimbus der Zeitlosigkeit, mit dem sich Museen umgeben, fraglos hingenommen, und die Forderung, mit dem ausgestellten Objekt auch die Provenienz, also die Herkunftsgeschichte, der Öffentlichkeit preiszugeben, ist in der Tat eine neuere Entwicklung. Noch in den 80er-Jahren des letzten Jahrhunderts verwahrte man sich gegen zu große Transparenz, um, wie man es nannte, keine Begehrlichkeiten zu wecken.

Moderator: Wenn ich es recht in Erinnerung habe, beschreiben Sie diese Haltung vornehmlich im Kontext mit der Beutekunst aus den Zeiten des Kolonialismus. Sie widmen diesem Abschnitt einen großen Teil Ihres Buches ...

I. Keller: ... weil die Restitutionsfrage von drängender Aktualität ist und es sich um ein nahezu gesamteuropäisches Problem handelt. Der Großteil des Bestands der ethnologischen Sammlungen und Völkerkundemuseen in Europa speist sich aus Objekten von Territorien, die der jeweiligen Besatzungsmacht nicht gehörten. Man hat sich bedient, oft gewaltsam, und was später als angeblich „legal erworben" verbrämt wurde, stellt sich bei genauerem Hinsehen meist als bewusst vorgenommener Betrug heraus. Nicht umsonst ist der Tausch wertloser Glasperlen gegen die Goldschätze indigener Völker zum Narrativ geworden und vielfach in die Literatur eingegangen. Ziel der Kolonialherren war es, möglichst lückenlose Sammlungen aufzubauen, das Fremde in der eigenen Heimat zu dokumentieren und darin die eigene Überlegenheit widerzuspiegeln. Zusätzlich hat sich eine Eigendynamik entwickelt, ein Wettbewerb zwischen den verschiedenen Museen oder ethnologischen Sammlungen, mit dem Ziel, so viel Kapital wie möglich anzuhäufen. Nicht viele der Objekte sind tatsächlich gezeigt worden, der Großteil lagerte – und lagert – in Depots und wird nur langsam in Ausstellungen mit aufgenommen.

Moderator: Sie erwähnten in Ihrem Buch den Schätzwert, dass sich etwa 90 Prozent der afrikanischen Kulturgüter nicht auf afrikanischem Boden, sondern in Europa befinden.

I. Keller: Ja, davon wird ausgegangen. Die Dramatik dieses Umstands wird einem verständlicher, wenn man sich umgekehrt vorstellt, wir hätten hier in Europa kaum eine Möglichkeit, unserer Jugend die Wurzeln der eigenen Kultur und die Kunstschätze der Vergangenheit nahezubringen, oder man müsste dafür in ein Flugzeug steigen.

Moderator: Zumal, wie Sie schreiben, diese Kunstobjekte in ihren Herkunftsländern eine noch viel weitreichendere Bedeutung haben.

I. Keller: Genau. Hier bei uns sind es Objekte, die sogar oft nur mäßiges Interesse beim Betrachter hervorrufen, während sie in ihrem angestammten kulturellen Umfeld als beseelte Wesen, als Subjekte wahrgenommen werden. Wenn man sich das beim Betrachten vor Augen führt, wird die Abwesenheit vom „richtigen" Ort geradezu schmerzhaft spürbar und unerträglich.

Moderator: Und doch ist die Rückgabe, also die Restitutionsfrage, ein Problem größerer Tragweite?

I. Keller: Ja. Anzuerkennen, dass alle afrikanischen Länder ein Anrecht auf ihr eigenes kulturelles Erbe haben, ist das eine. Das andere ist die Frage, wem es zurückzugeben ist: Den Nachfahren damaliger Herrscher? Der Region, also dem damaligen Fürstentum? Dem Staat und damit womöglich einem Machthaber mit zweifelhafter Legitimation? Und ist das nicht eigentlich eine innerstaatliche Angelegenheit dieser Länder, die wir mit gewohnt kolonialem Anspruch uns anmaßen, regeln zu wollen? Dazu der Widerstand in Europa gegen Restitutionspläne: Manche Museen, die die Wahrheit scheuen und lieber die Fassade wahren, der Kunstmarkt, der Verluste fürchtet, und die eher als irrational einzustufende Angst, es könnten nur noch leere Museen zurückbleiben.

Moderator: Lassen Sie uns einmal den Bogen etwas weiter spannen. Selbst wenn man die aktuelle Diskussion in der Tagespresse verfolgt, über Restitutionsforderungen von Beutekunst aus den Zeiten des Kolonialismus und aus dem Zweiten Weltkrieg – selbst wenn einem somit dieses Phänomen durchaus nicht fremd ist, wird einem bei der Lektüre Ihres Buches noch etwas anderes klar. Sie bringen konkrete Hinweise tatsächlich aus der ganzen Welt und Geschichte. In diesem Sinne gibt es kaum ein Land, das nicht einmal auf der Täterseite gestanden hat. Könnten Sie unserem Publikum ein paar Beispiele aus der ferneren Geschichte nennen?

I. Keller: Ende des Dreißigjährigen Krieges kam es in Prag zu einem Kunstraub größeren Ausmaßes und fast die gesamten Schätze des Hradschin wurden auf Befehl von Königin Christina nach Schweden verlagert. Der Markusdom in Venedig wiederum ist mit Beute aus dem vierten Kreuzzug nach Byzanz im 13. Jahrhundert ausgestattet, darunter die berühmten „Pferde von San Marco". Umstritten ist jedoch wiederum deren Herkunftsgeschichte, bevor sie im damaligen Konstantinopel gelandet sind. Vermutet wird, dass sie römischen Ursprungs sind.

Ein weiteres gutes Beispiel thront auf dem Brandenburger Tor in Berlin. Die Quadriga, einst vom Preußenkönig Friedrich Wilhelm II. in Auftrag gegeben, wurde von den napoleonischen Truppen 1806 demontiert, nach Paris verbracht und im Louvre ausgestellt. Als in den Befreiungskriegen 1814 wiederum die preußische Armee in Paris einmarschierte, wurde die Quadriga wieder in Kisten verpackt und Richtung Berlin auf den Weg gebracht. Im preußischen Gebiet geriet dieser Transport zum Triumphzug, ein gutes Beispiel dafür, wie symbolisch aufgeladen derartige Vorgänge sind.

Moderator: Womit wir uns wieder auf deutschem Boden befinden und damit auch bei einem weiteren großen Teilgebiet Ihres Buches, nämlich der Beutekunst und der Raubkunst in Zusammenhang mit dem nationalsozialistischen Regime in Deutschland und dem Zweiten Weltkrieg. Inwiefern unterscheidet sich der Begriff der Raubkunst von der Beutekunst?

I. Keller: In der Rechtswissenschaft wird Beutekunst als „kriegsbedingt verbrachte Güter" bezeichnet. Die sogenannte Raubkunst ist in völkerrechtlicher Definition ein Sonderfall, da es sich hier um Kunstwerke aus dem Besitz einer Personengruppe handelt, die zwischen 1933 und 1945 aus rassischen, religiösen oder politischen Motiven verfolgt wurde. Da es sich um Bürger des eigenen Landes handelte und noch vor dem Ausbruch des Zweiten Weltkriegs geschah, haben wir es hier mit einer ganz eigenen Kategorie von Kunstraub zu tun. Zu einer Überschneidung der beiden Begriffe kommt es dann während des Krieges im Hinblick auf den Kunstraub, der in den von Deutschen besetzten Gebieten stattgefunden hat.

Moderator: Seit 1933 wurden ja diverse Gesetze erlassen mit dem Ziel, der Beschlagnahmung hauptsächlich jüdischen Vermögens eine Scheinlegalität zu verleihen. In welcher Größenordnung muss man sich die Raubkunst vorstellen?

I. Keller: Das kann nur ein sehr ungenauer Schätzwert sein, doch man geht von etwa 600 000 Objekten aus, deren Rückgabe nach dem Zweiten Weltkrieg begann, sodass sich die Zahl auf geschätzte 10 000 Objekte reduziert hat, deren Provenienz möglicherweise noch nachvollziehbar wäre und die sich in öffentlichen Sammlungen oder in Privatbesitz befinden.

Moderator: Hat auch Beutekunst der Alliierten den Weg zurück nach Deutschland gefunden?

I. Keller: Zum größten Teil ja, allerdings ist bis heute die Problematik der Beutekunst ein belastendes Thema der deutsch-russischen Beziehungen.

Moderator: Zum Abschluss die Frage: Inwieweit wurden Anstrengungen unternommen, diese Verbrechen, die kriegerische Auseinandersetzungen im weitesten Sinne begleiten, zukünftig zu verhindern?

I. Keller: Es gibt Versuche einer völkerrechtlichen Regelung, nämlich die „Haager Konvention zum Schutz von Kulturgut bei bewaffneten Konflikten". Dieser Vertrag wurde 1954 mit dem Ziel abgeschlossen, Kulturgut vor Zerstörung, Beschädigung oder widerrechtlicher Inbesitznahme zu schützen, und durch zwei Zusatzprotokolle von 1954 und 1999 ergänzt, mit über 100 als Vertragspartner gelisteten Staaten. Daneben gibt es noch Vereinbarungen unter der Federführung der Vereinten Nationen. Mit der internationalen Koordination ist „Blue Shield International" betraut, eine der UNESCO zugeordnete Organisation, die in Krisengebieten vor Ort wirkt.

Moderator: Frau Keller, ich danke Ihnen herzlich für den interessanten Einblick, den Sie uns heute Abend in Ihr Buch gegeben haben, und denke, dass Sie bei unseren Zuhörerinnen und Zuhörern sicherlich Neugierde geweckt haben!

I. Keller: Vielen Dank auch meinerseits!

richtig: 4, 7, 8, 10

1 b) Lösung

2. Weshalb steigt das öffentliche Interesse an der Provenienz von Kunstgegenständen? *Weil die Dimension der globalen Vernetzung im öffentlichen Bewusstsein angekommen ist.*
3. Die europäischen Völkerkundemuseen und ethnologischen Sammlungen … *verfolgten das Ziel, die fremdartige Welt zu zeigen und gleichzeitig eine zivilisatorische Dominanz zu demonstrieren.*
4. Welcher Problematik sieht sich die Restitution der kolonialen Beutekunst gegenüber? *Häufig ist unklar, an wen die Rückgabe erfolgen soll.*
5. Beutekunst ist ein Phänomen der gesamten Weltgeschichte *und häufig mit starker Symbolkraft versehen.*
6. Weshalb hat man für die Zeit des Nationalsozialismus den Begriff der Raubkunst geprägt? *Als Bezeichnung für eine andere Art von Beutekunst, da die Kunstobjekte zuerst nicht im Kontext eines Krieges und außerdem nur den aus ideologischen Gründen verfolgten Deutschen geraubt wurden.*
7. Kunstraub, der während des Zweiten Weltkriegs stattgefunden hat, *ist nach wie vor in einem Prozess der Restitution begriffen.*
8. Die „Haager Konvention zum Schutz von Kulturgut bei bewaffneten Konflikten“ … *ist der Versuch einer völkerrechtlichen Regelung, die bereits mehr als 100 Länder unterzeichnet haben.*

1 c) Lösung

2. Es ist Unrecht, auf dem Besitz illegal angeeigneter Objekte zu *beharren*.
3. Die Forderung, bei ausgestellten Objekten auch die Provenienz der Öffentlichkeit *preiszugeben*, ist eine neuere Entwicklung.
4. Der Großteil des Bestands der Völkerkundemuseen in Europa *speist sich* aus Objekten von Territorien, die der jeweiligen Besatzungsmacht nicht gehörten.
5. Mancher bewusst vorgenommene Betrug wurde später als „legal erworben“ *verbrämt*.
6. Der Tausch wertloser Glasperlen gegen die Goldschätze indigener Völker ist zum *Narrativ* geworden.
7. Manche Museen scheuen die Wahrheit und *wahren* lieber die Fassade.

8. In der Rechtswissenschaft wird Beutekunst als „kriegsbedingt *verbrachte* Güter" bezeichnet.
9. Der *Beschlagnahmung* hauptsächlich jüdischen Vermögens sollte durch diverse Gesetze eine Scheinlegalität verliehen werden.
10. Es gibt Vereinbarungen unter der *Federführung* der Vereinten Nationen.
11. Mit der internationalen Koordination ist „Blue Shield International" *betraut*.

▶ 34 **1 d) Beispielhafte Lösung**

Liebe Kolleginnen und Kollegen, ich möchte Sie ganz herzlich zu unserem ersten Treffen im Rahmen des Projekts „Raub- und Beutekunst" begrüßen. Ich freue mich sehr, dass Sie meinen Vorschlag zu diesem fächerübergreifenden Projekt angenommen haben und ebenso wie ich anerkennen, dass es auch hier an unserer Schule wichtig ist, das Bewusstsein für diese Thematik bei unserer Jugend zu schärfen. Es ist noch nicht sehr lange her, dass die Provenienzforschung und Restitutionsverhandlungen in den Fokus der Öffentlichkeit gerückt sind. Auch aus diesem Grund vermute ich, dass unsere heutige Schülerschaft, möglicherweise bis hinein in ihre berufliche Zukunft, noch vielfach mit diesem Themenfeld befasst sein wird.
Wodurch könnte die graue Theorie des Geschichtsunterrichts lebendiger werden als beim Besuch eines Völkerkundemuseums, wo man unendlich viele aus afrikanischen Ländern stammende Kunst- und Kulturobjekte finden kann? Weshalb sind sie hier und nicht in ihrem eigenen Land? Anhand dieser Fragestellungen lassen sich die Praktiken der Kolonialmächte anschaulich schildern, und es lässt sich der Bogen spannen bis in die heutige Zeit, bis in die problematische politische Situation in vielen Ländern des afrikanischen Kontinents.
Es ist die Aneignung von fremdem Kulturgut, die stellvertretend steht für die Aneignung dieser Länder, deren Ressourcen, deren Menschen. Bis in die heutige Zeit sind diese Menschen und ist die Jugend dieser Länder abgeschnitten von einem einfachen Zugang zu ihrer eigenen Geschichte. Für sie ist es nicht möglich, in Museen zu gehen und das zu betrachten und wertzuschätzen, was ihre Vorfahren geschaffen haben – außer, sie steigen in ein Flugzeug und besuchen die Großstädte Europas. Das Königreich Benin zum Beispiel, auf dem Territorium des heutigen Nigeria, war reich an Kunstobjekten, die heute in deutschen Museen ausgestellt sind. Verhandlungen über die Restitution laufen seit Jahren und stoßen auf die unterschiedlichsten Reaktionen, von großer Offenheit und Verhandlungen über gangbare Wege, bis zu eher als irrational einzustufenden Ängsten, dass die Museen Europas am Ende leer sein könnten.
Doch es gibt auch durchaus realistische Schwierigkeiten bei der Restitution. Oftmals ist es nicht klar, wem die Objekte zurückzugeben sind: Ist es der jeweilige Staat, der sich jetzt auf dem Territorium der damaligen Geschehnisse befindet? Sind es die Nachfahren der damaligen Eigentümer, sind es Museen? Hinzu kommt, dass die euro-

päische Perspektive gern in Gefahr gerät, wieder in koloniales Denken zu verfallen und über die eigentlich Betroffenen hinweg entscheiden zu wollen, was in europäischen Augen das Richtige zu sein scheint.
Doch nicht nur die Restitution afrikanischer Kulturgüter gestaltet sich als immens schwierig, auch die Restitution aus dem Bereich der Raubkunst, die bereits seit dem Ende des Zweiten Weltkriegs verhandelt wird, erweist sich als vielschichtig und komplex. Viele Kunstobjekte sind ihren rechtmäßigen Besitzern schon zurückgegeben worden, allerdings gibt es dennoch geschätzt etwa 10 000 Objekte, deren Provenienz zwar vermutlich nachvollziehbar ist, die sich aber, über die ganze Welt verstreut, in öffentlichen Sammlungen oder Privatbesitz befinden. Nicht in jedem Fall können die rechtmäßigen Eigentümer ausfindig gemacht werden, viele sind schon gestorben, möglicherweise ohne Nachkommen, viele sind namenlos geblieben. Trotz all dieser Schwierigkeiten sollte Restitution mehr als eine reine Absichtserklärung sein, und sei es nur, um das Bewusstsein dafür zu schärfen, dass Kunst- und Kulturobjekte nicht zur Demonstration eigener Macht oder der Demütigung des anderen missbraucht werden dürfen.
In diesem Sinne wurde 1954 die Haager Konvention aufgesetzt und bis ins Jahr 1999 noch zweimal ergänzt, der bereits über 100 Staaten beigetreten sind. Sie verpflichten sich, in Zukunft Kulturgut vor Schädigung zu schützen. Schädigung bedeutet Zerstörung, Raub und alles, was dieses Kulturgut nicht respektiert und als solches an seinem angestammten Platz belässt.
In einer globalen Welt sind diese Gedanken umso wesentlicher, als die menschliche Kultur nicht nur beschränkt ist auf die spezifische Region eines Landes, sondern überall das Bewusstsein wachsen sollte, wie wertvoll und wie schützenswert das Kulturgut der gesamten Menschheit ist und wie sehr es ein Schlüssel zum Verständnis der verschiedenen Kulturen ist, die in einer vernetzten Welt eng miteinander und aufeinander angewiesen leben müssen.
Ich freue mich auf die Zusammenarbeit mit Ihnen, verehrte Kolleginnen und Kollegen, und bin gespannt auf die Ergebnisse unserer Arbeit der nächsten Wochen. Vielen Dank.

E2 Ist das Kunst, oder kann das weg?

▶ 35 **2 a) Petra und Oliver haben sich verabredet, gemeinsam eine Ausstellung über moderne Kunst zu besuchen. Petra studiert Kunst im ersten Semester, Oliver überlegt, ob er ebenfalls Kunst studieren möchte. Nach dem Ausstellungsbesuch sitzen sie in einem Café und unterhalten sich. Hören Sie und kreuzen Sie an: Wer sagt was: Petra, Oliver, beide oder keiner?**

	Petra	Oliver	beide	keiner
1. Eine Ausstellung kann eine weitere Motivation für das Studienfach Kunst bedeuten.	☒	☐	☐	☐
2. Moderne Kunstwerke erschließen sich dem Betrachtenden häufig sehr schwer.	☐	☐	☐	☐
3. Kasimir Malewitsch hat ein Bild gemalt, das nur eine einzige Farbe zeigt.	☐	☐	☐	☐
4. Das erste Bild, das nur eine einzige Farbe zeigte, galt als Emanzipation der Kunst von der Darstellung des Realen.	☐	☐	☐	☐
5. Ein Kunstwerk darf auch negative Emotionen hervorrufen.	☐	☐	☐	☐
6. Wesentlich ist, dass ein Kunstwerk beim Betrachtenden etwas bewirkt.	☐	☐	☐	☐
7. Die Kunst der Readymades ist den wenigsten Künstlern zugänglich.	☐	☐	☐	☐
8. Bei dem Skandal um Joseph Beuys Fettecke gab es verständlicherweise viele boshafte Kommentare.	☐	☐	☐	☐
9. Es ist häufiger passiert, dass Kunstwerke nicht als solche erkannt und entsorgt wurden.	☐	☐	☐	☐

	Petra	Oliver	beide	keiner
10. Man kann ein Kunstwerk besser begreifen, wenn man die Idee kennt, die zu seiner Entstehung geführt hat.	☐	☐	☐	☐
11. Auch Michelangelo ist ein Vertreter der Konzeptkunst.	☐	☐	☐	☐
12. Eine Definition von Kunst, die jedem Menschen das entsprechende kreative Potenzial zuspricht, kann auch in negativem Sinn zur Geringschätzung der Kunstwerke führen.	☐	☐	☐	☐
13. Kunst entsteht dann, wenn die Perspektive des Künstlers auf die Welt für alle Betrachtenden nachvollziehbar ist.	☐	☐	☐	☐
14. Viele Künstler verstehen sich in erster Linie als Handwerker, als mit ihren Händen schaffende Menschen.	☐	☐	☐	☐

2 b) Finden Sie Synonyme oder Erklärungen für die folgenden Wörter und Ausdrücke.

1. anfixen: *neugierig machen, Interesse wecken*
2. die Abtönung ____________________
3. die/der Abscheu ____________________
4. Missstände anprangern ____________________
5. an den Haaren herbeigezogen ____________________
6. museal ____________________
7. hämisch ____________________
8. jdm. etw. verdenken ____________________
9. auf den Trichter kommen ____________________
10. nicht im Traum einfallen ____________________
11. erhellen ____________________
12. verkopft ____________________
13. das Geschwurbel ____________________
14. das Geschwafel ____________________

2 c) Fassen Sie die Diskussion der Freunde in etwa 3 Minuten zusammen. Stellen Sie dabei die unterschiedlichen Standpunkte dar und äußern Sie am Ende Ihre eigene Meinung dazu.

▶ 35 2 a) Text und Lösung

Petra: Na du? Du bist so schweigsam und nachdenklich?

Oliver: Hm, ja – ehrlich gesagt überlege ich gerade, ob Kunst wirklich das richtige Studienfach für mich wäre.

Petra: Was, echt? Ich fand das so spannend heute, dass ich nochmal so richtig angefixt bin für mein Studium.

Oliver: Bei mir haben die meisten Bilder absolute Ratlosigkeit hinterlassen. Es kann doch nicht sein, dass man ein paar Seiten Erklärung dafür benötigt, was wohl der Sinn eines Werkes sein könnte, um damit auch nur irgendwas anfangen zu können!

Petra: Meinst du die Werke aus der Konzeptkunst?

Oliver: Ja, zum Beispiel. Was, um Himmels willen, will es uns sagen, wenn wir auf einen Quadratmeter an der Wand starren, der mit einer einzigen Farbe bedeckt ist, ohne die geringste Abtönung oder Formgebung?

Petra: Dieses einfarbige Bild geht meines Wissens auf Kasimir Malewitsch zurück. Der hatte 1915 so etwas zum ersten Mal gemacht, ein schwarzes Quadrat auf weißem Grund, und in der Kunstgeschichte wird das als die große Befreiung der Kunst bejubelt. Ab diesem Moment sei alles möglich gewesen, die Kunst habe sich vom Gegenständlichen und damit von ihren Fesseln befreit.

Oliver: Eigentlich ist das doch die reine Provokation. Weißt du, auch auf die Gefahr hin, als altmodisch zu gelten: Ich finde, ein Kunstwerk sollte immer irgendeine Emotion bei den Betrachtenden hervorrufen. Entweder Freude über eine gelungene Perspektive oder besondere Ästhetik oder Überraschung über eine außergewöhnliche Kombination, Darstellungsweise, was auch immer. Oder einfach Bewunderung für die unglaubliche Kunstfertigkeit der Ausführung, meinetwegen auch Entsetzen oder Abscheu, um einen zum Nachdenken zu bewegen oder irgendwelche Missstände anzuprangern. Aber es sollte kein stundenlanger Vortrag eines Kunstexperten nötig sein, der einem erst irgendwelche Theorien liefern muss, weshalb das da hängt. Darüber hinaus wirken diese Theorien oft genug an den Haaren herbeigezogen. Kurz – es muss halt irgendetwas in mir bewegen, mir irgendeine Erkenntnis bringen!

Petra: Aber gerade wenn du Erkenntnis sagst, muss ich eigentlich genau an die Konzeptkunst denken. Was zum Beispiel Marcel Duchamp gemacht hat, ganz banale Dinge aus ihrer gewohnten funktionalen Umgebung herauszulösen und in musealen Kontext zu stellen – dadurch betrachten wir die Dinge plötzlich mit ganz anderen Augen!
Einmal hat er ein Rad von einem Fahrrad auf einen Küchenhocker montiert und meinte, das Drehen dieses Rades zu beobachten sei für ihn mindestens genauso entspannend wie ein Kaminfeuer, es sei für ihn eine Öffnung für alles andere, was über die materiellen Dinge des Alltags hinausgeht. Damit hat er doch durchaus auch etwas bewegt.

Oliver: Ja, ich weiß, das sind die berühmten Readymades. Da ist der Gang des Künstlers in ein Geschäft, die Auswahl, die er trifft und die Art der Präsentation des erwählten Gegenstands der eigentliche Akt der Kunst. Schwer nachzuvollziehen. Wirklich zugänglich ist das möglicherweise nur den wenigsten! Ich habe mal über ihn gelesen, dass seine Schwester einige Male seinen Haushalt geordnet hat, als er auf Reisen war, und dabei unwissentlich Kunstwerke zum Müll gebracht hat.

Petra: Das erinnert mich an die Geschichte mit der Fettecke von Joseph Beuys, die bei der Reinigung des Museums weggeputzt wurde.

Oliver: Was für ein Skandal damals! Und jede Menge hämische Kommentare, was den Leuten nicht zu verdenken ist.

Petra: Klar, das gibt einem schon zu denken, denn das war ja nicht der einzige Fall. Außerdem hat es noch eine Badewanne von Beuys erwischt, die in einer Kammer gestanden hat und nach der vermeintlichen Reinigung von Heftpflastern, Mullbinden und Fett als Spülbecken missbraucht wurde. Oder die Installation von Michael Beutler in Frankfurt auf der Straße, die vom Sperrmüll abtransportiert wurde!

Oliver: Am besten gefällt mir aber die Geschichte von der 91-jährigen Rentnerin, die auf dieser Collage von Arthur Köpcke das Kreuzworträtsel ausgefüllt hatte.

Petra: Genau, das habe ich damals auch gelesen. Zum Glück wurde das Verfahren gegen sie eingestellt, denn für mich ist das eigentlich ein Beweis, dass Kunst nach dem Schöpfungsakt gewissermaßen ein Eigenleben hat. Eine Künstlerin – ich komme jetzt gerade nicht auf ihren Namen – hatte in einer Kirche in Mannheim wild gefaltete Rettungsdecken ausgelegt, um die Not der Menschen auf ihrer Suche nach einer Unterkunft zu versinnbildlichen. Sie hat meines Erachtens super reagiert: Ihr Kunstwerk war auch versehentlich im Mülleimer gelandet, doch sie hat die Mülltonne einfach in ihr Kunstwerk eingebunden und das Ganze damit noch aussagekräftiger gemacht.

Oliver: Was tatsächlich ein Argument dafür ist, dass doch die Geschichte, die hinter einem Kunstwerk steckt, die Idee, ganz wesentlich zum Verständnis beiträgt.

Petra: Ich seh schon, langsam kommst du auf den Trichter! Das kann man als Künstler doch vom Betrachtenden verlangen, dass der ein bisschen sein Hirn anstrengt, oder? Im Grunde hat Michelangelo dasselbe gemacht, wenn er einen Torso dargestellt hat, eine unfertige Figur, die beim Anschauen im Kopf eines jeden Betrachtenden individuell ergänzt wird.

Oliver: Harter Vergleich! Von Michelangelo zur Konzeptkunst ist wahrlich ein weiter Weg – und ob rauf oder runter, das sei dahingestellt.

Petra: Meiner Ansicht nach landet man immer wieder bei der grundsätzlichen Frage, was Kunst eigentlich ist. Und darauf gibt es unzählige Antworten. Du hast vorhin ja deine Sichtweise geschildert, die beispielsweise in völligem Gegensatz zu der These von Joseph Beuys steht, der meinte, jeder Mensch sei ein

Künstler, und die Kreativität und schöpferische Energie des Einzelnen sei das Kapital und Potenzial einer Gesellschaft.

Oliver: Und hier formuliert er genau das Problem, dass Rezipienten bei modernen Kunstwerken oft ein „so etwas könnte ich auch" empfinden und sie deshalb nicht wertschätzen.

Petra: Nur mit dem Unterschied, dass es den meisten Menschen nicht im Traum einfallen würde, zumindest nicht im Sinne eines schöpferischen Akts, der in einen erhellenden Bedeutungszusammenhang gestellt werden kann. Denn nach Duchamp – du merkst, ich habe gerade ein Buch über ihn gelesen! – muss ein Werk eine Auswirkung auf das Denken haben, und dadurch entsteht erst wirkliche Kunst. Und das fasziniert mich so sehr, dass Kunst eigentlich immer ein Dialog ist zwischen dem Schaffenden, seiner Sichtweise und Wahrnehmung der Welt, gepaart mit starkem Ausdruckswillen, und dem Betrachtenden, mit dem ein Künstler in Beziehung tritt.

Oliver: Wow, Petra, Respekt!

Petra: Danke, Autogramme später. Es gibt ein schönes Bild dafür, nämlich ein Mikroskop, eingestellt auf die Geheimnisse der Künstlerseele, die dadurch allen Menschen gezeigt werden. Ich glaube, diesen Vergleich habe ich mal bei Tolstoi gelesen.

Oliver: Langsam wirst du mir unheimlich, du Streberin. Ich seh' schon, heute Abend muss ich bei einem Gläschen Rotwein in Ruhe in mich gehen und mir überlegen, ob dieses Studium wirklich das Richtige für mich sein könnte – und falls die Entscheidung positiv ausfallen sollte, dann leihst du mir bitte mal alle deine Bücher, die du in letzter Zeit gelesen hast! Aber eins wollte ich noch dazu sagen: Vor Kurzem habe ich eine Doku über zeitgenössische österreichische Künstler gesehen. Sie wurden gefragt, was Kunst für sie ist. Die meisten haben geantwortet: „Weiß ich nicht. Ich bin einfach Maler. Ich mache etwas mit meinen Händen, also bin ich eigentlich ein Handwerker." Irgendwie kam mir das sehr pragmatisch vor, vielleicht sogar ein Understatement, aber das kann ich so viel besser nachvollziehen als allzu verkopftes Geschwurbel und Geschwafel um – ja, zum Beispiel um eine Schneeschaufel!

Petra: Na, ich hoffe, dass dein Treffen mit dir selbst zugunsten eines Kunststudiums ausfällt und wir noch öfter zusammen in Ausstellungen gehen und über dieses Thema diskutieren. Mir hat's Spaß gemacht!

Petra: 3, 4, 9; Oliver: 2, 5, 8, 12, 14; beide: 6, 10; keiner: 3, 7, 11, 13

E

2 b) Beispielhafte Lösung

2. die Abtönung: *Schattierung, Farbabstufung*
3. die/der Abscheu: *Widerwille, Antipathie, Ekel*
4. Missstände anprangern: *Mängel / Fehler an die Öffentlichkeit bringen, öffentlich kritisieren*
5. an den Haaren herbeigezogen: *nicht nachvollziehbar, unbegründet*
6. museal: *zu einem Museum gehörend*
7. hämisch: *boshaft, voller Spott*
8. jdm. etw. verdenken: *jmd etw. als Fehler anlasten*
9. auf den Trichter kommen: *etw. herausfinden, auf den richtigen Gedanken kommen, verstehen*
10. nicht im Traum einfallen: *etw. sicherlich nicht tun, niemals an etwas denken*
11. erhellen: *klären, deutlich machen*
12. verkopft: *zu theoretisch und abstrakt*
13. das Geschwurbel: *unverständliche, realitätsferne Aussagen, zu theoretisch*
14. das Geschwafel: *endlose, inhaltsleere Aussagen*

► 36 **2 c) Beispielhafte Lösung**

Das Gespräch zwischen Petra und Oliver zeigt deutlich die unterschiedlichen Standpunkte der Kunstrezipienten, die am häufigsten vertreten sind.
Während die einen gerade von überraschenden, außergewöhnlichen oder sogar schockierenden Ansätzen bei modernen Kunstwerken fasziniert sind und sich interessiert auf Erklärungsansätze einlassen, stehen die anderen ratlos davor und fühlen sich weder emotional noch intellektuell angesprochen.
Dem liegt eine zutiefst unterschiedliche Auffassung von Kunst zugrunde. Wer sich moderner Kunst aufgeschlossen zeigt, ist eher bereit, der Perspektive und Gedankenwelt des jeweiligen Kunstschaffenden zu folgen und sich um Verständnis zu bemühen, das durchaus rein theoretischer Natur sein kann. Das Beispiel von Kasimir Malewitsch, der ein schwarzes Quadrat auf weißem Grund gemalt hat, zeigt, wie weit dieser Kunstbegriff gefasst ist. Kunst kann hier sogar nur ein revolutionärer Akt sein, der gegen alles bisher Dagewesene gerichtet ist. Sobald allerdings ein Schritt in eine weiterführende Richtung getan ist, ebnet das wiederum den Weg für andere Wagnisse. Allein darin sehen viele Anhänger zeitgenössischer Kunstströmungen die Daseinsberechtigung sämtlicher experimenteller Kunst.
Auf der anderen Seite steht die Gruppe derer, die sich in gewohnter Wahrnehmungswelt von einem Kunstwerk berührt fühlen wollen, sei es in Bewunderung der qualitativ hochwertigen Fertigung, sei es in Freude über die Ästhetik, sei es in Entsetzen über das Dargestellte, das den Betrachtenden auf etwas aufmerksam machen möchte.
Im Grunde genommen kann man gerade bei der Konzeptkunst eine Überschneidung der beiden Gruppen beobachten, da auch die Konzeptkunst dasselbe gerade be-

E

schriebene Ziel verfolgt, wenngleich sie nicht ohne theoretische Erläuterungen auskommt. Hier konnte man an dem Gespräch der beiden Kunststudierenden sehen, dass eine Annäherung der Standpunkte stattfinden kann. Wenn beispielsweise bei den Readymades alltägliche Objekte aus ihrem gewohnten funktionalen Zusammenhang herausgelöst werden und somit dem Betrachtenden in einem neuen Licht erscheinen, kann dieses Erlebnis ihn sowohl zu einer Erkenntnis bringen als auch durchaus auf gefühlsmäßiger Ebene erreichen.

Voraussetzung ist dafür natürlich eine Bereitschaft und eine gewisse Offenheit, sonst kann es dazu kommen, dass Kunstwerke aufgrund von Unkenntnis entsorgt werden, wie es in der Vergangenheit schon mehrmals passiert ist. Das kann allerdings den betreffenden Akteuren nicht angelastet werden, da sie in ihrem Kontext korrekt gehandelt haben.

Jeder Einzelne muss meines Erachtens für sich selbst entscheiden, inwieweit er bereit ist, Erklärungsmustern zu abstrakten oder schwer nachvollziehbaren Kunstwerken zu folgen beziehungsweise inwieweit sich diese mit seinen Erfahrungswelten und Perspektiven decken. Wer sich hingegen lieber an eingängiger, nicht hinterfragbarer Schönheit erfreuen will, kann und soll das tun und sollte dafür auch nicht als rückständig verurteilt werden. Gerade im Bereich der Kunst ist es in jeder Richtung wichtig, Freiheit wirken zu lassen.